ell Armand
inen Puppenjungen

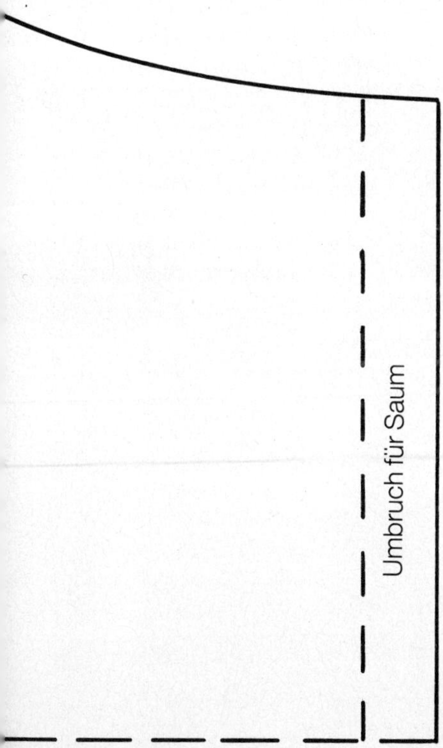

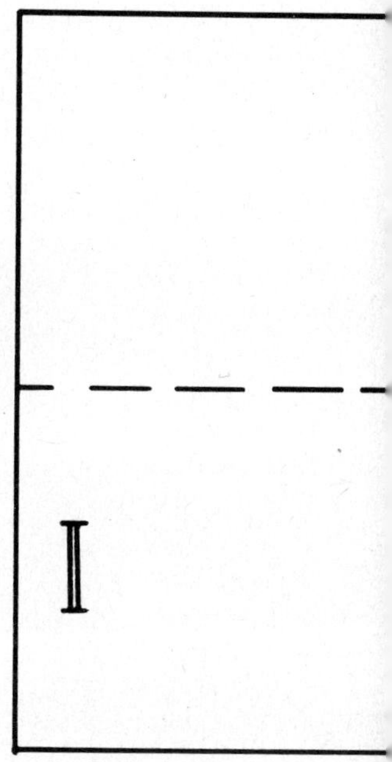

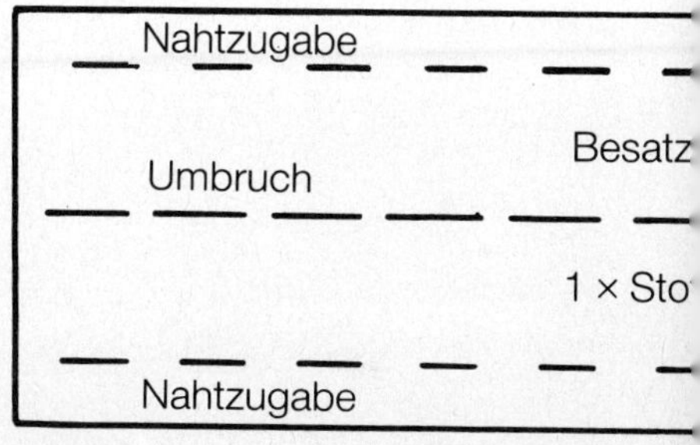

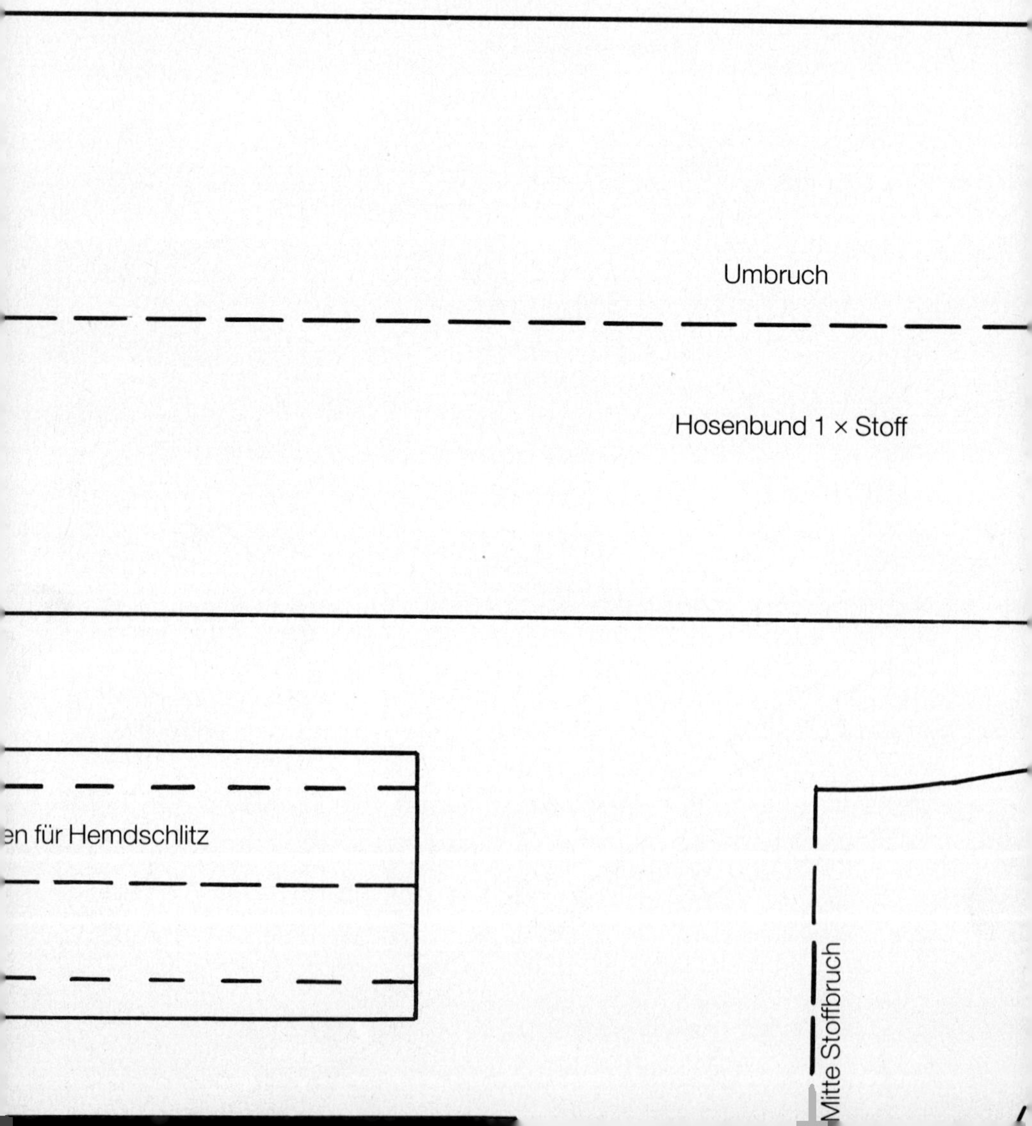
Umbruch
Hosenbund 1 × Stoff
en für Hemdschlitz
Mitte Stoffbruch

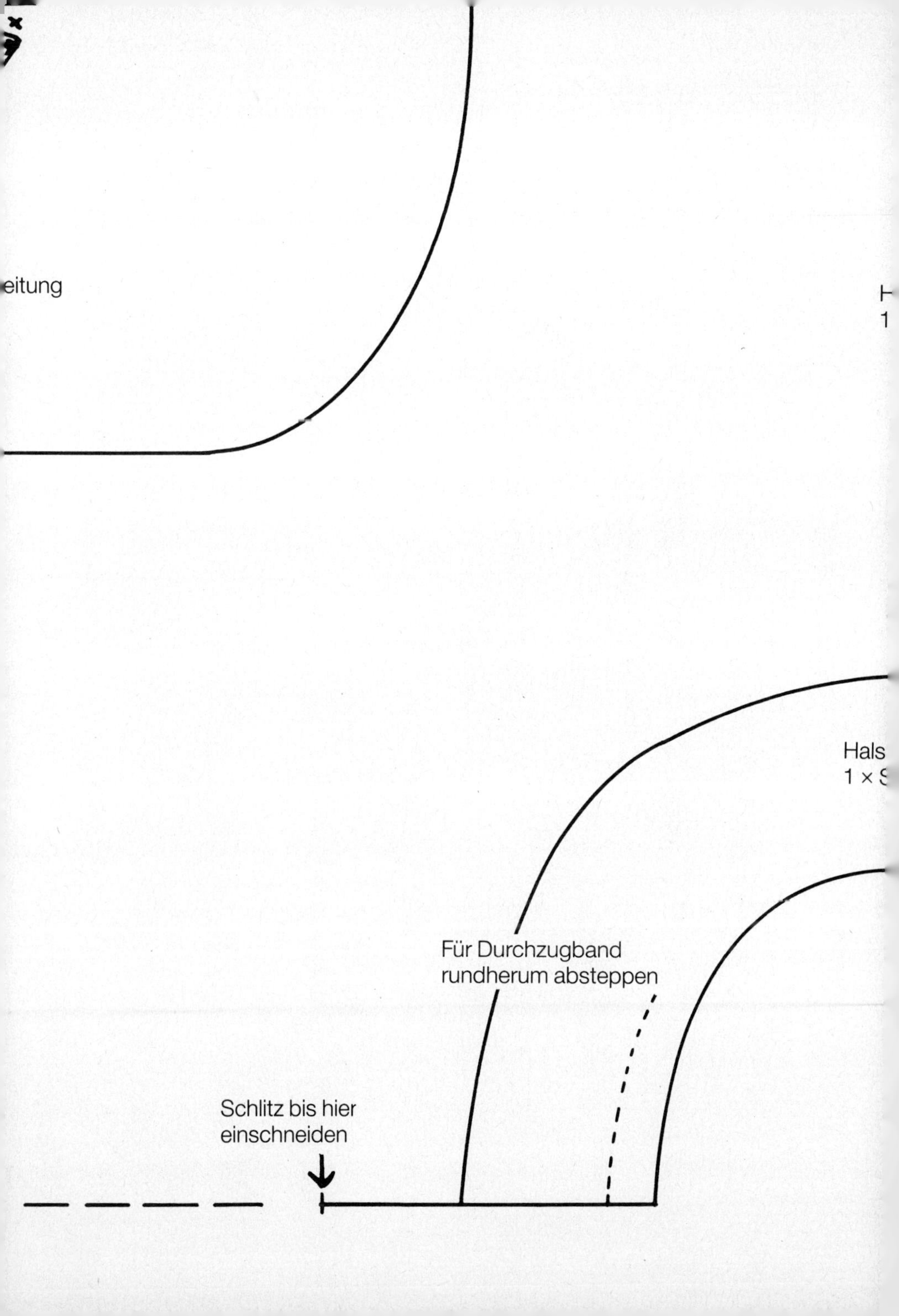
eitung
Hals
1 × S
Für Durchzugband
rundherum absteppen
Schlitz bis hier
einschneiden

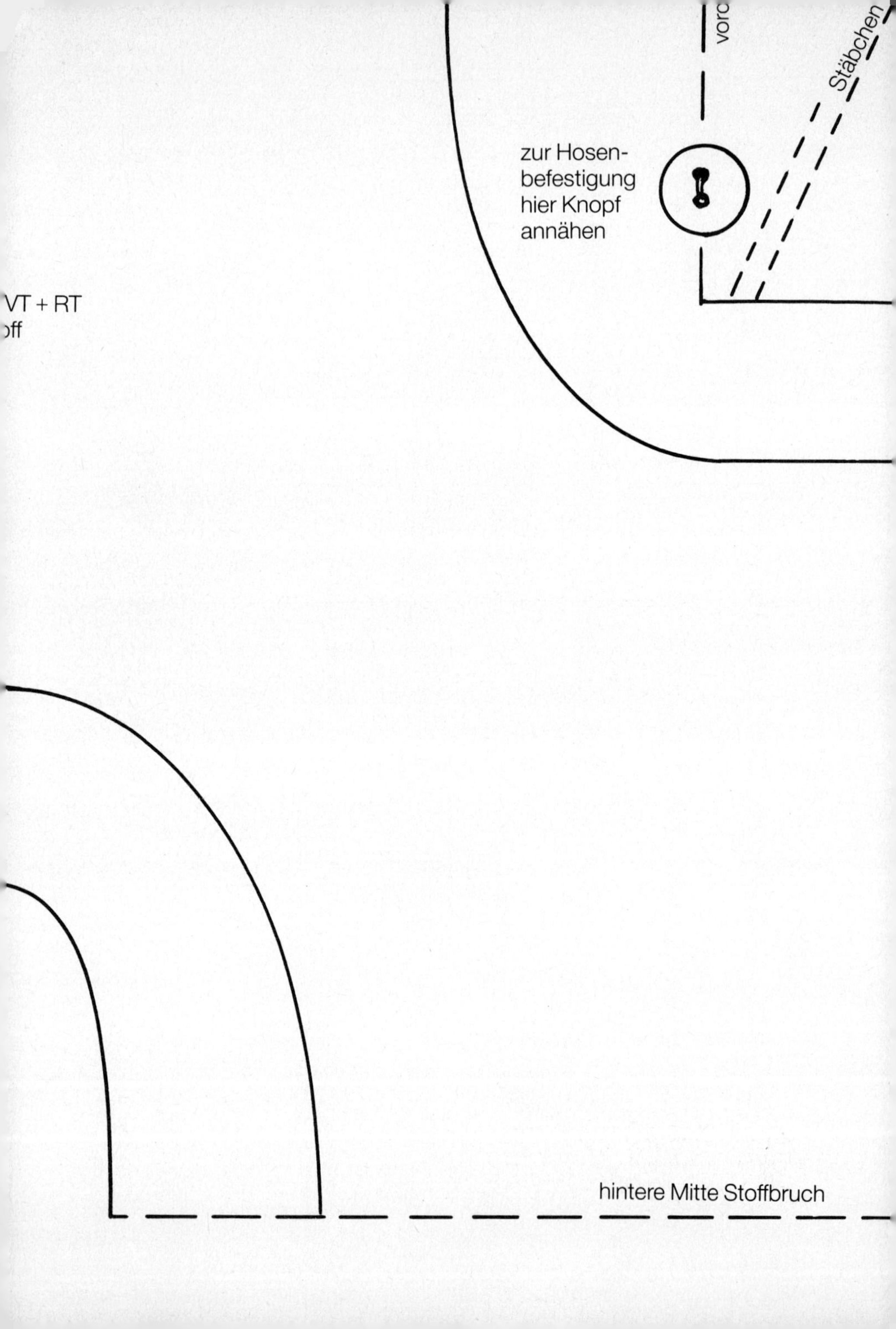
Stäbchen
zur Hosen-
befestigung
hier Knopf
annähen
VT + RT
hintere Mitte Stoffbruch

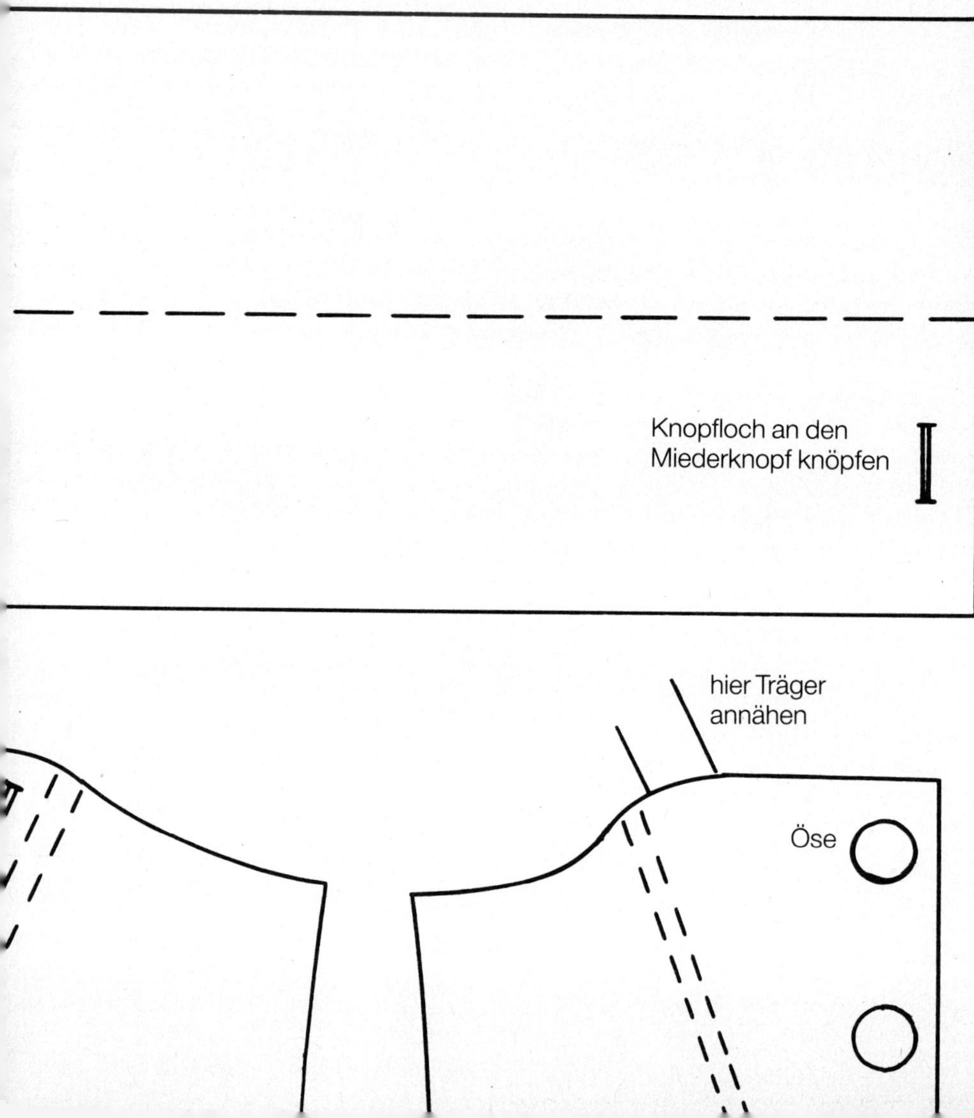
Knopfloch an den
Miederknopf knöpfen
hier Träger
annähen
Öse

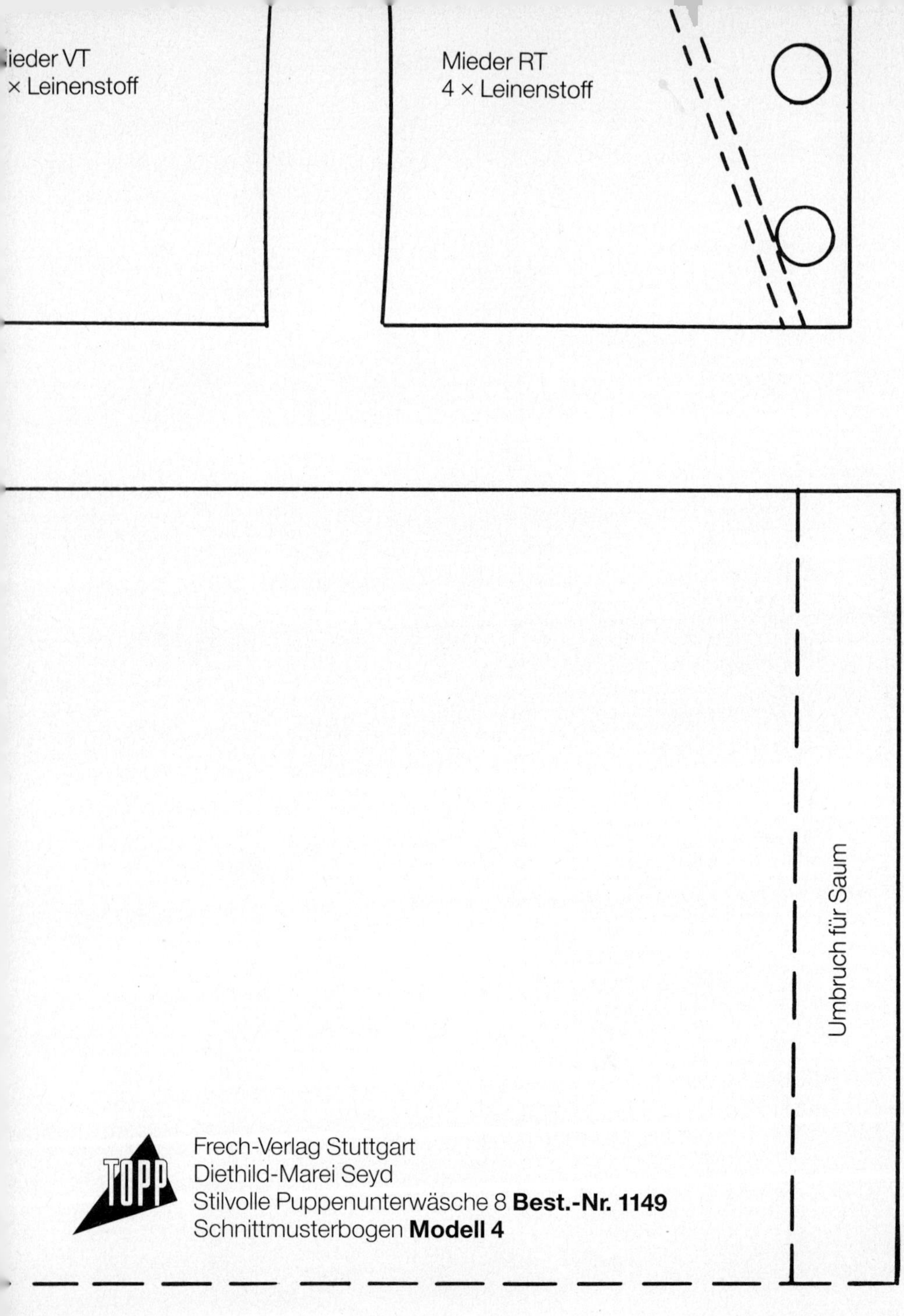

Frech-Verlag Stuttgart
Diethild-Marei Seyd
Stilvolle Puppenunterwäsche 8 **Best.-Nr. 1149**
Schnittmusterbogen **Modell 4**

M
fü

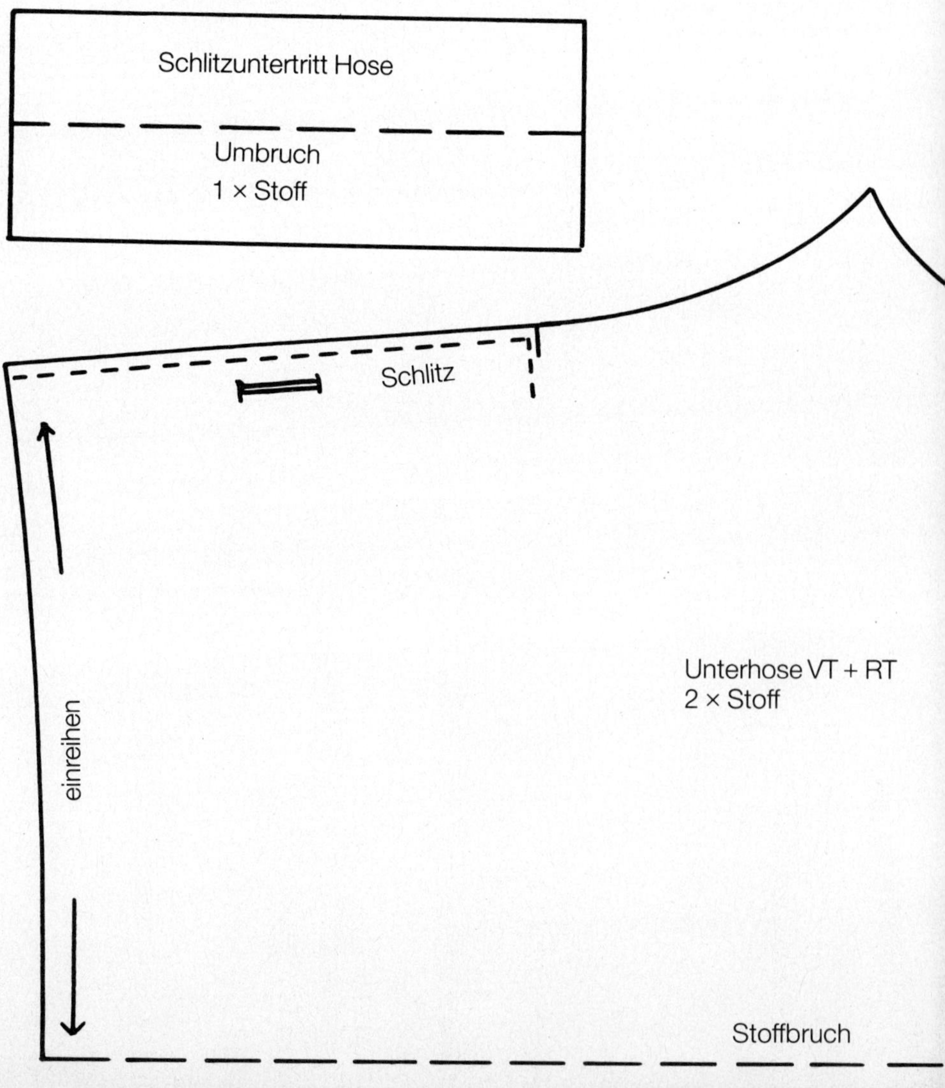
Schlitzuntertritt Hose
Umbruch
1 × Stoff
Schlitz
Unterhose VT + RT
2 × Stoff
einreihen
Stoffbruch

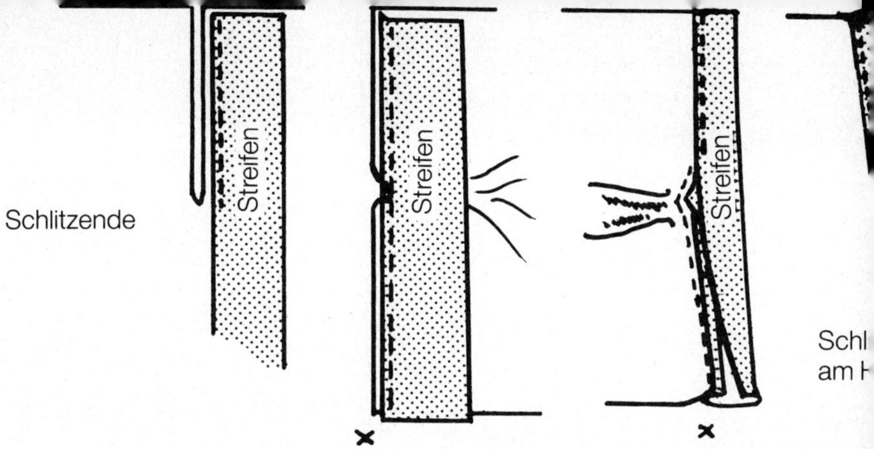
Schlitzende
Streifen
Streifen
Streifen
Schl
am H

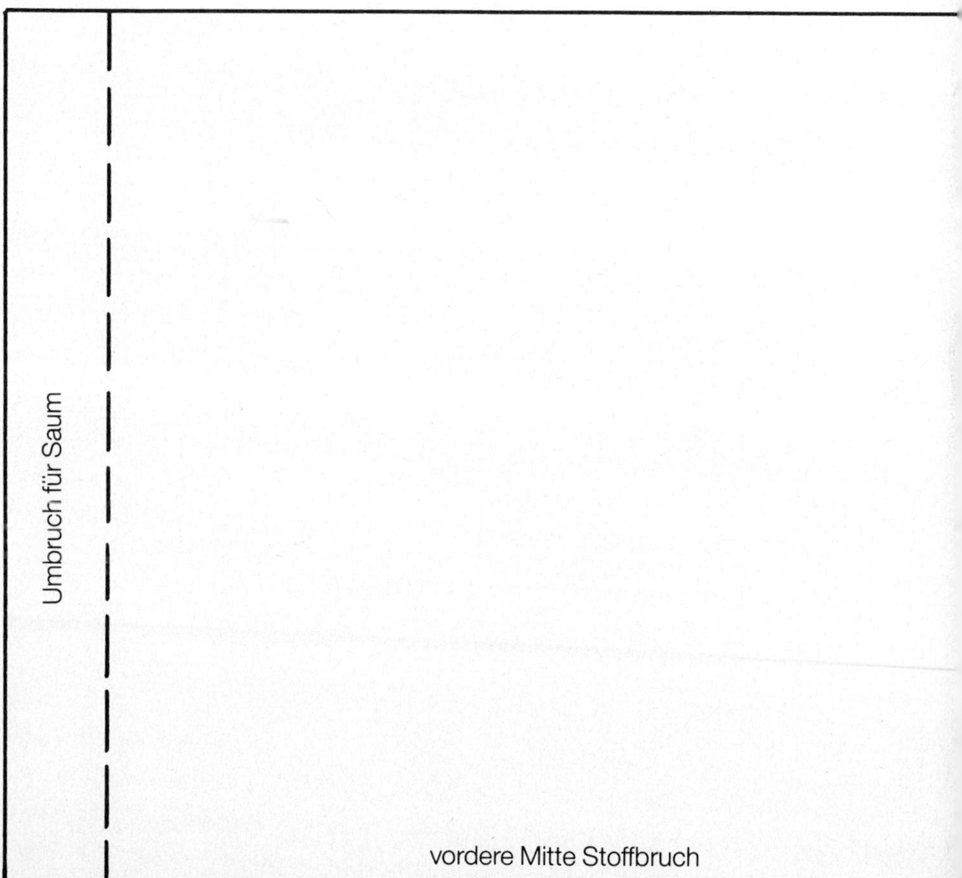
Umbruch für Saum
vordere Mitte Stoffbruch

Modell Armand - für einen Puppenjungen

Arbeitsanleitung für Hemd, Hose und Mieder
für eine Gliederpuppe, Gesamtgröße ca. 52 cm, Körpergröße ca. 40 cm.

Sie brauchen dazu:
ca. 0,60 m weißen Baumwollstoff, 1,40 m breit
ca. 0,20 m weißen Leinenstoff, 0,80 m breit
ca. 1,20 m weißes Durchzugsband, ca. 1 cm breit
3 Wäscheknöpfe
ca. 0,60 m weißes Trägerband, ca. 1 cm breit
2 kleine Perlmutt- oder Wäscheknöpfe
8 Ösen zum Einschlagen
ca. 0,40 m Draht als Einlagestäbchen

Alle Teile mit 7 mm Nahtzugabe zuschneiden,
(im Besatzstreifen für den Hemdschlitz bereits enthalten.)

Und so wird es gemacht:

Das Hemd:

1. Schlitz einschneiden und lt. Skizze im Schnitt versäubern:
   a) Besatzstreifen aufsteppen und dabei Schlitz soweit auseinanderziehen, daß er eine fast gerade Linie bildet. Besatzstreifen von o bis x durchgehend rechts auf rechts aufsteppen. Am Schlitzende den Stoff ganz knapp fassen, um Faltenbildung zu vermeiden (evtl. etwas einschneiden).
   b) Besatzstreifen im Umbruch falten und knappkantig gegensäumen.
   c) Schlitz abbügeln und von rechts längs und quer absteppen.
2. Halsbeleg für das Durchzugsband versäubern und verstürzt am Halsausschnitt ansteppen. Der Halsbeleg geht im Vorderteil nur bis an den Besatzstreifen am Schlitz.
3. Beleg nach innen umbügeln und ca. 8 mm breit absteppen.
4. Am Schlitzbeleg für das Durchzugsband offenlassen und ca. 0,75 m Band einziehen.
5. Im Schlitz ein Knopfloch einarbeiten und passenden Knopf annähen.
6. Ärmelkanten versäubern und absteppen.
7. Seitennähte schließen.
8. Die im Schnitt angegebene Saumbreite nach innen versäubern.

Die Hose:

1. Saum für die Hosenbeine versäubern.
2. Hosenbeinnähte schließen.
3. Für den Schlitzuntertritt den Stoffstreifen im Umbruch falten, bis Schlitzende aufsteppen und Naht knappkantig von rechts absteppen.
4. Schrittnaht im Rückteil bis zum Schlitz im Vorderteil zunähen.

5. Nahtzugabe am Übertritt versäubern und absteppen.
6. Hosenbund an den Enden verstürzen und im Umbruch umbügeln. (Länge vorher über dem Mieder am Puppenkörper kontrollieren!)
7. Hose in der Taille auf Hosenbundweite einreihen.
8. Hosenbund rechts auf rechts annähen, nach innen kippen und versäubern.
9. Bund rundum knappkantig absteppen.
10. Zwei Knopflöcher einarbeiten in der Größe passend zum Knopf am Mieder.

Falls die Hose als Einzelteil gearbeitet wird, nur ein Knopfloch einarbeiten und einen Knopf annähen.

Das Mieder:

1. Seitennähte schließen und auseinanderbügeln.
2. Beide Stofflagen rechts auf rechts an der oberen Naht und an den Rücknähten aufeinandersteppen. (Die Taillennaht bleibt offen!)
3. Nach dem Verstürzen der genähten Teile Nähte knappkantig absteppen.
4. Für die Drahteinlage lt. Schnitt Tunnels absteppen.
5. Drähte in entsprechender Länge einschieben.
6. Das Mieder in der Taille mit einem Stoffstreifen versäubern. Fertige Breite ca. 1 cm.
7. Für die Trägerknöpfe zwei Knopflöcher im Vorderteil einarbeiten.
8. Am Rückteil zwei Trägerbänder und jeweils am Ende einen Perlmuttknopf annähen, der am Vorderteil eingeknöpft wird. Fertige Trägerlänge ca. 12 cm (bitte vorher am Puppenkörper kontrollieren).

Das Mieder wird hinten geschnürt, die Hose vorn an das Mieder geknöpft.

Modell Le

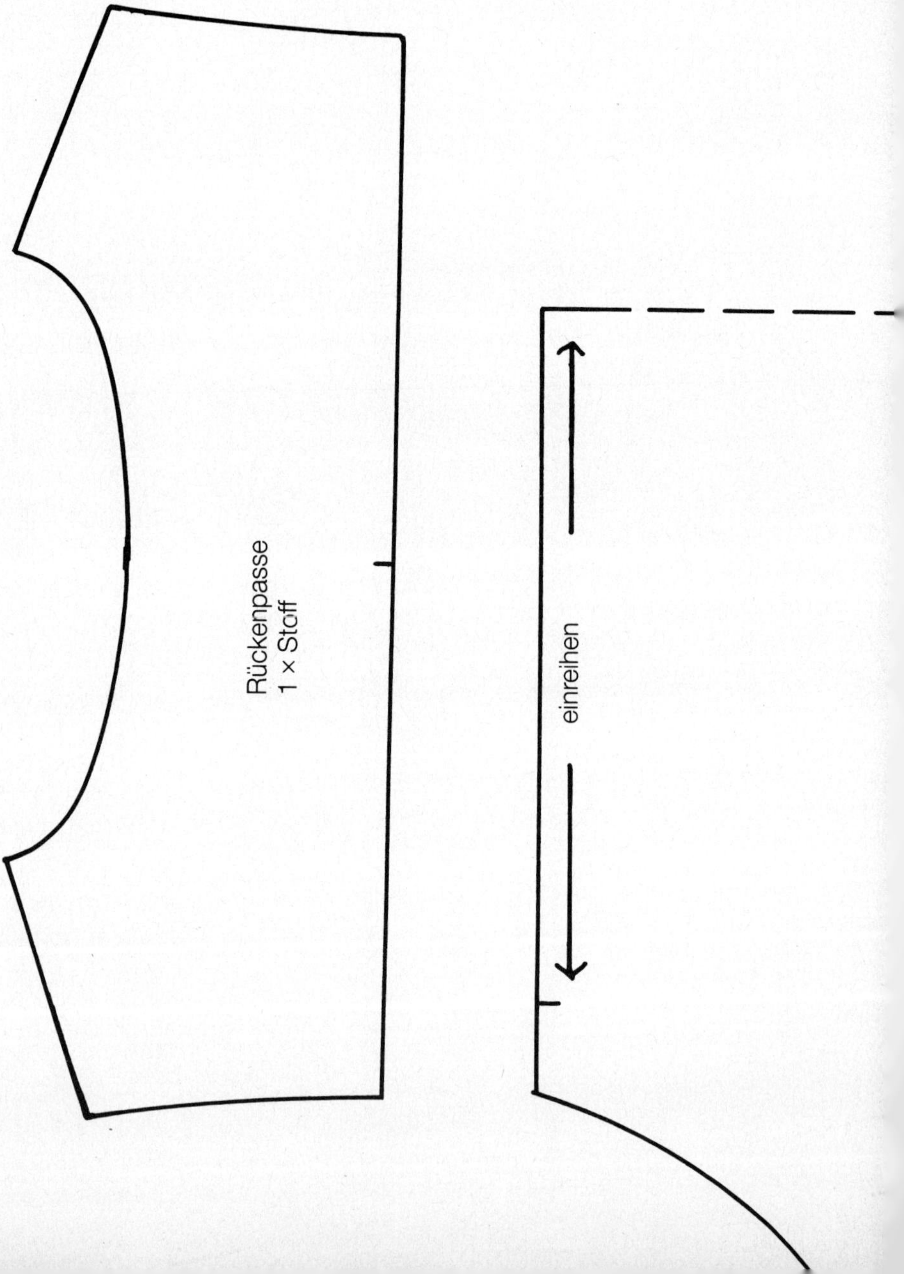

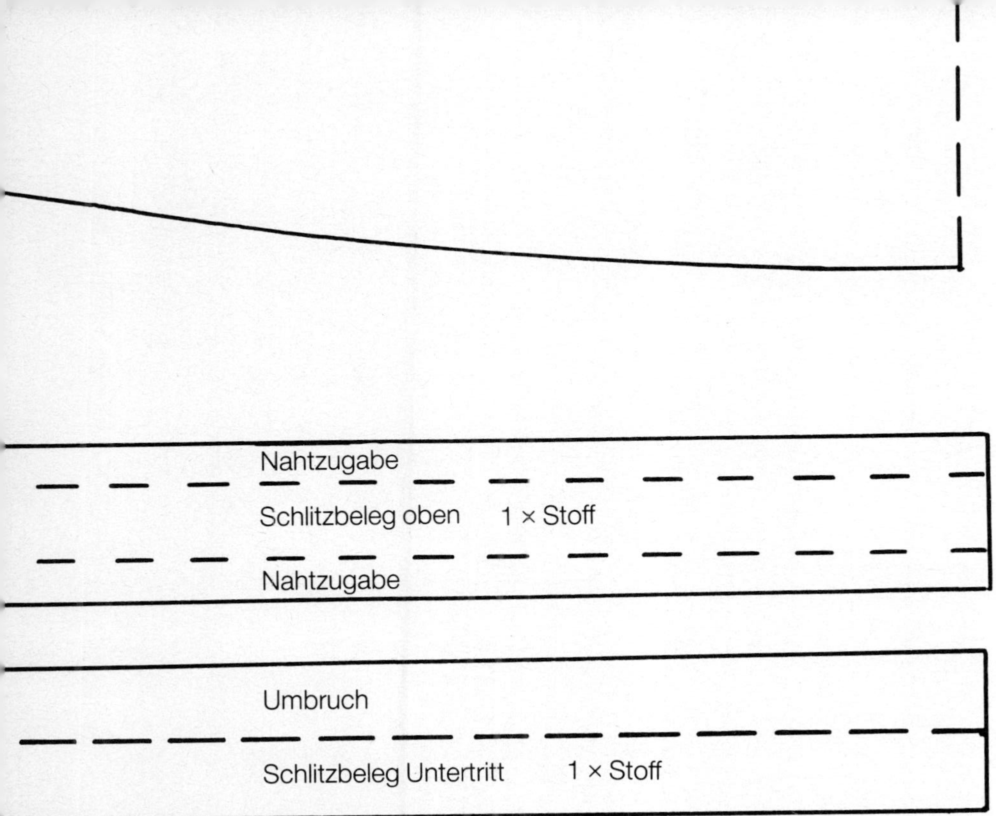

Frech-Verlag Stuttgart
Diethild-Marei Seyd
Stilvolle Puppenunterwäsche 8 **Best.-Nr. 1149**
Schnittmusterbogen **Modell 3**

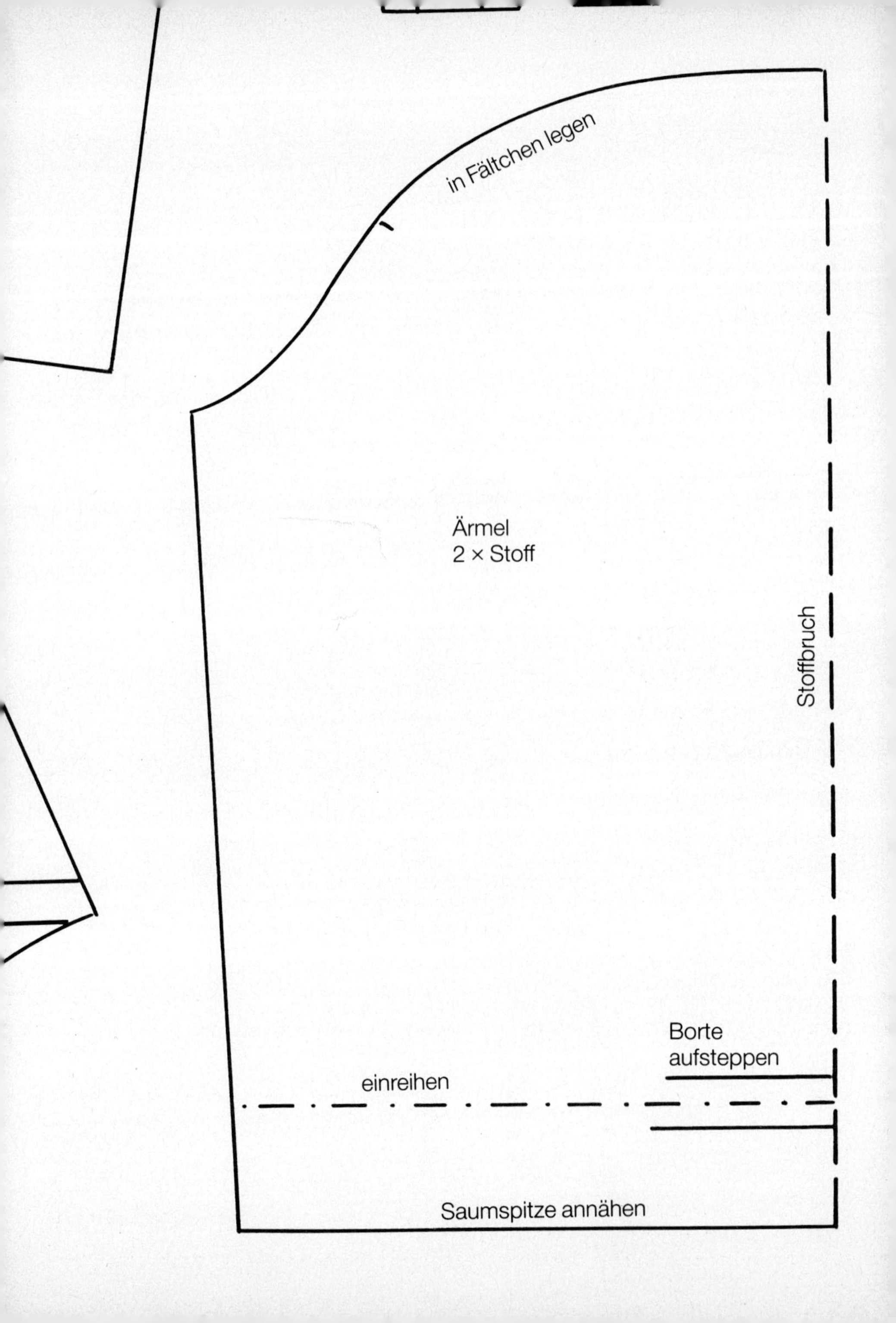
in Fältchen legen
Ärmel
2 × Stoff
Stoffbruch
Borte
aufsteppen
einreihen
Saumspitze annähen

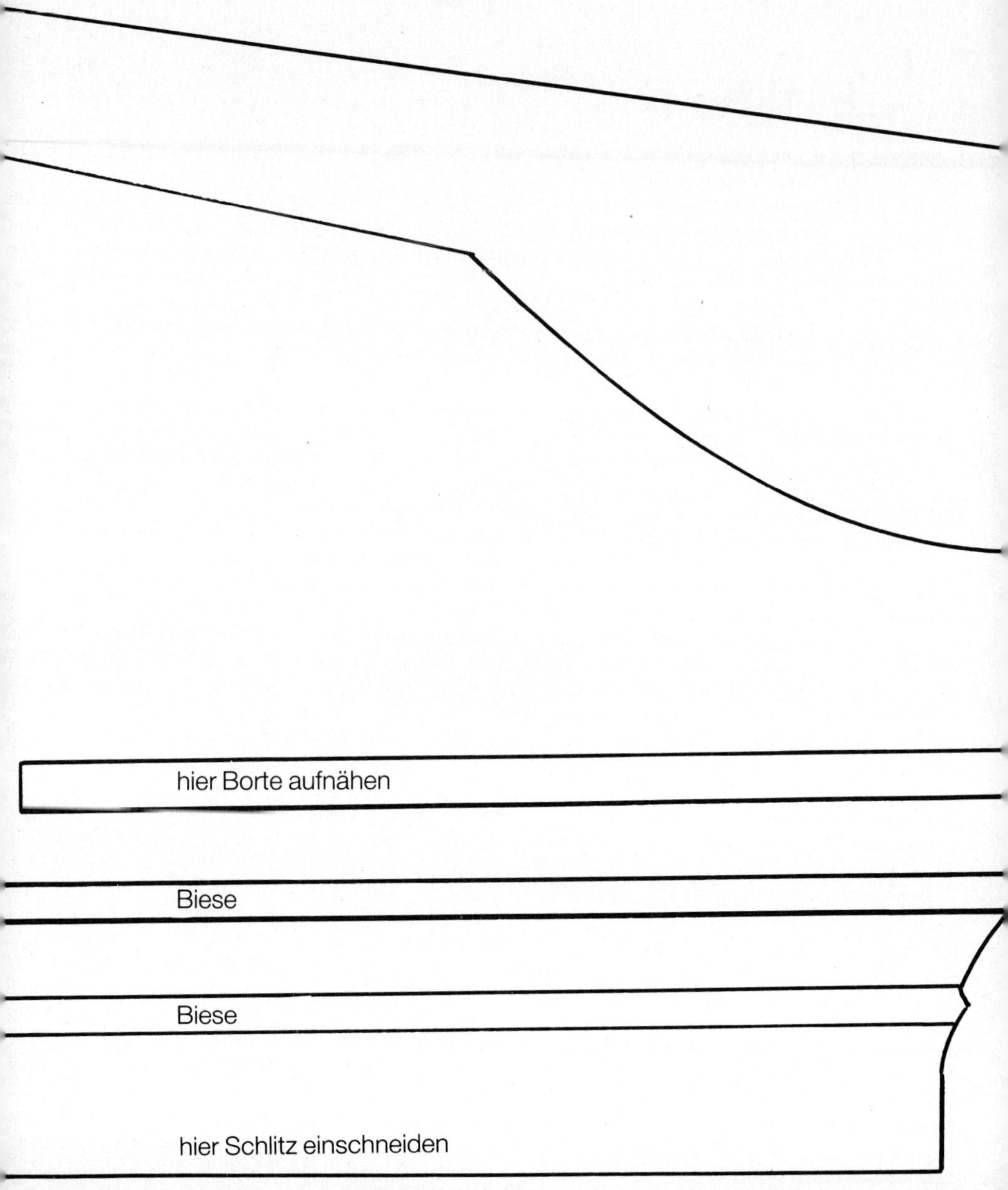
hier Borte aufnähen
Biese
Biese
hier Schlitz einschneiden

VT 1 × Stoff

re Mitte Stoffbruch

chen

hintere Mitte Stof

RT 1 × Stof

Modell Lenchen

Arbeitsanleitung zum weißen Baumwollnachthemd
für eine Gliederpuppe, Gesamtgröße ca. 52 cm, Körpergröße ca. 40 cm.

Sie brauchen dazu:
ca. 0,50 m weißen Baumwollstoff, 1,40 m breit
ca. 0,65 m weiße Wäscheborte, ca. 7 mm breit
ca. 1,00 m weiße Languettenborte, ca. 1,5 cm breit
1 Häkchen für den Verschluß

Alle Teile mit 5 mm Nahtzugabe zuschneiden,
(im oberen Schlitzbeleg bereits enthalten.)

Und so wird es gemacht:

1. Die im Schnitt angegebenen Biesen abnähen und nach außen bügeln.
2. Wäscheborte auf linkes und rechtes Vorderteil lt. Schnitt aufsteppen.
3. Schlitzuntertritt an der linken Schlitzseite rechts auf rechts ansteppen, Umbruch nach innen bügeln und aufsteppen.
4. Für den oberen Schlitzbeleg Nahtzugaben umbügeln und Beleg auf der rechten Stoffseite aufsteppen, dabei Nahtzugabe an der Schlitzkante nach innen um die Schnittkante legen und feststeppen. Am unteren Schlitzende quer absteppen.
5. Rückteil einreihen, an Rückenpasse nähen und Quernaht knapp übersteppen.
6. Achselnähte schließen und ebenfalls knapp übersteppen.
7. Schrägstreiffen für das Halsloch zuschneiden, innen an das Halsloch nähen, nach außen umsteppen und rundum sauber aufsteppen.
   Fertige Breite ca. 7 mm.
8. Languettenborte an den Schlitzbeleg und um das Halsloch nähen. Dabei am Halsloch die Borte einreihen.
9. Ärmelsäume nach innen umsteppen und Languettenborte annähen.
10. Ärmelbündchen auf 14 cm einreihen und Wäscheborte über die Reihnaht steppen (s. Schnitt).
11. Armkugeln in kleine Fältchen legen und in das Armloch nähen.
12. Einsatznähte übersteppen.
13. Ärmel- und Seitennähte schließen und übersteppen.
14. Saum nach innen umsteppen.
15. Den Schlitz am Halsloch unsichtbar mit Häkchen und Garnöse verschließen.

(Bitte wenden.)

Das Nachthemd kann natürlich auch, wie bei der früheren Wäschenäherei üblich, mit Kappnähten gearbeitet werden: Dafür mit 1 cm breiter Nahtzugabe zuschneiden. Die Stoffteile werden rechts auf rechts gelegt und zusammengesteppt. Dann die Naht auseinanderbügeln. Von einer Nahtzugabe die Hälfte abschneiden, die breitere Nahtzugabe einschlagen, über die schmale Nahtzugabe kippen und auf den Stoff aufsteppen. Auf diese Art und Weise ist die Naht auch auf der Innenseite bereits versäubert.

Umbruch

Taillenbund für Unterrock 1 × Stoff

Umbruch für Saum

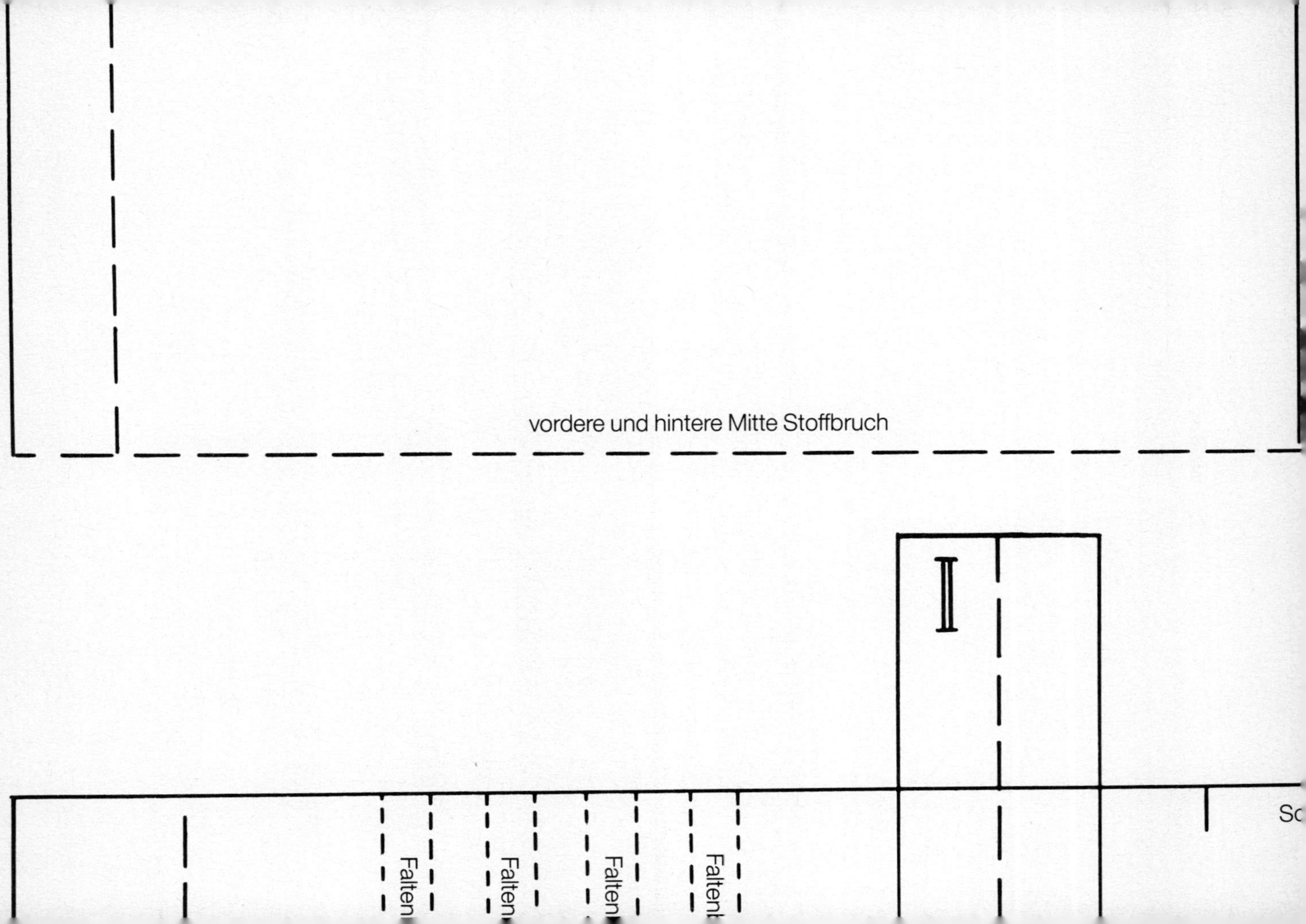
vordere und hintere Mitte Stoffbruch
Falten
Falten
Falten
Falten
II

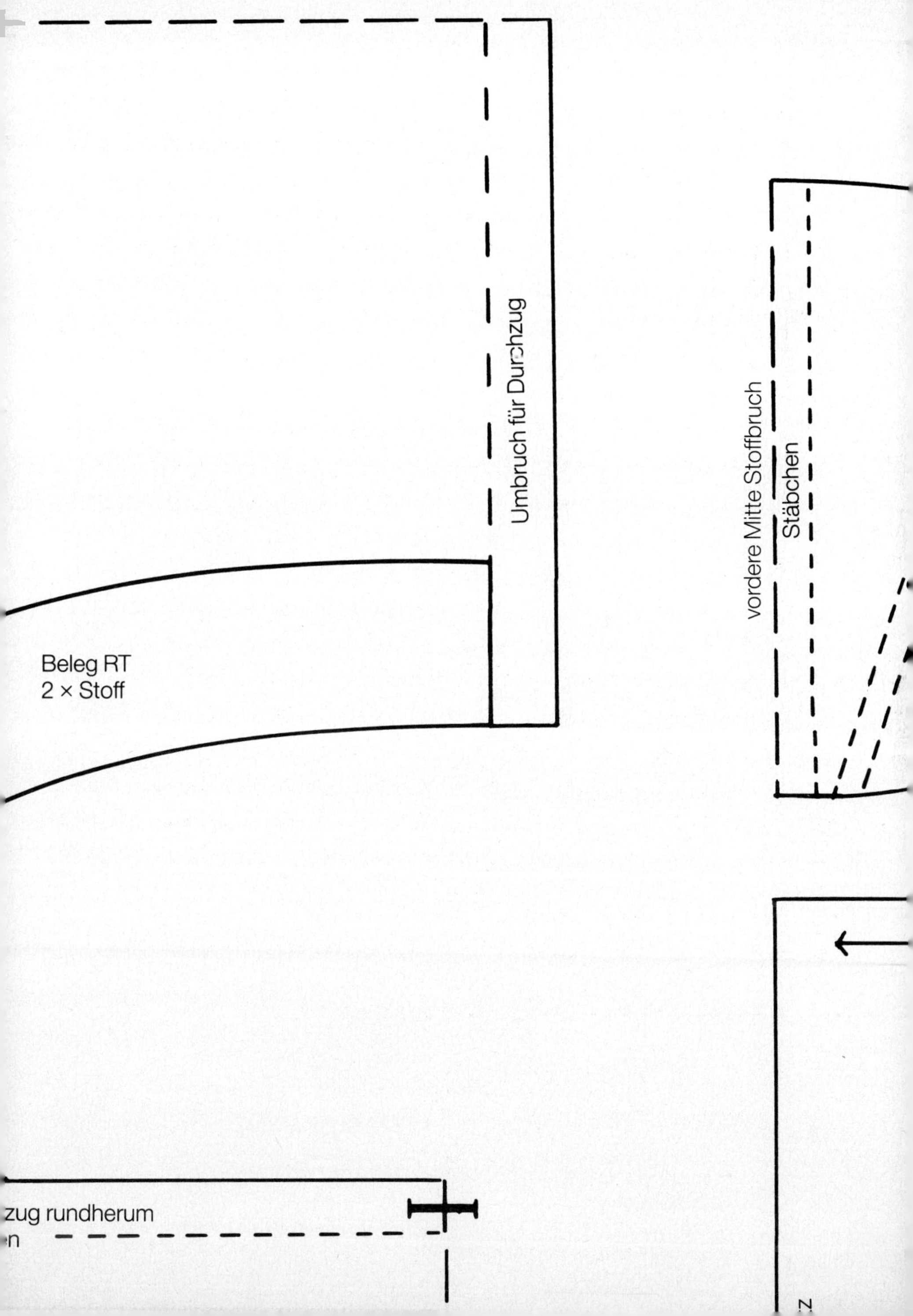
Umbruch für Durchzug
vordere Mitte Stoffbruch
Stäbchen
Beleg RT
2 × Stoff
zug rundherum

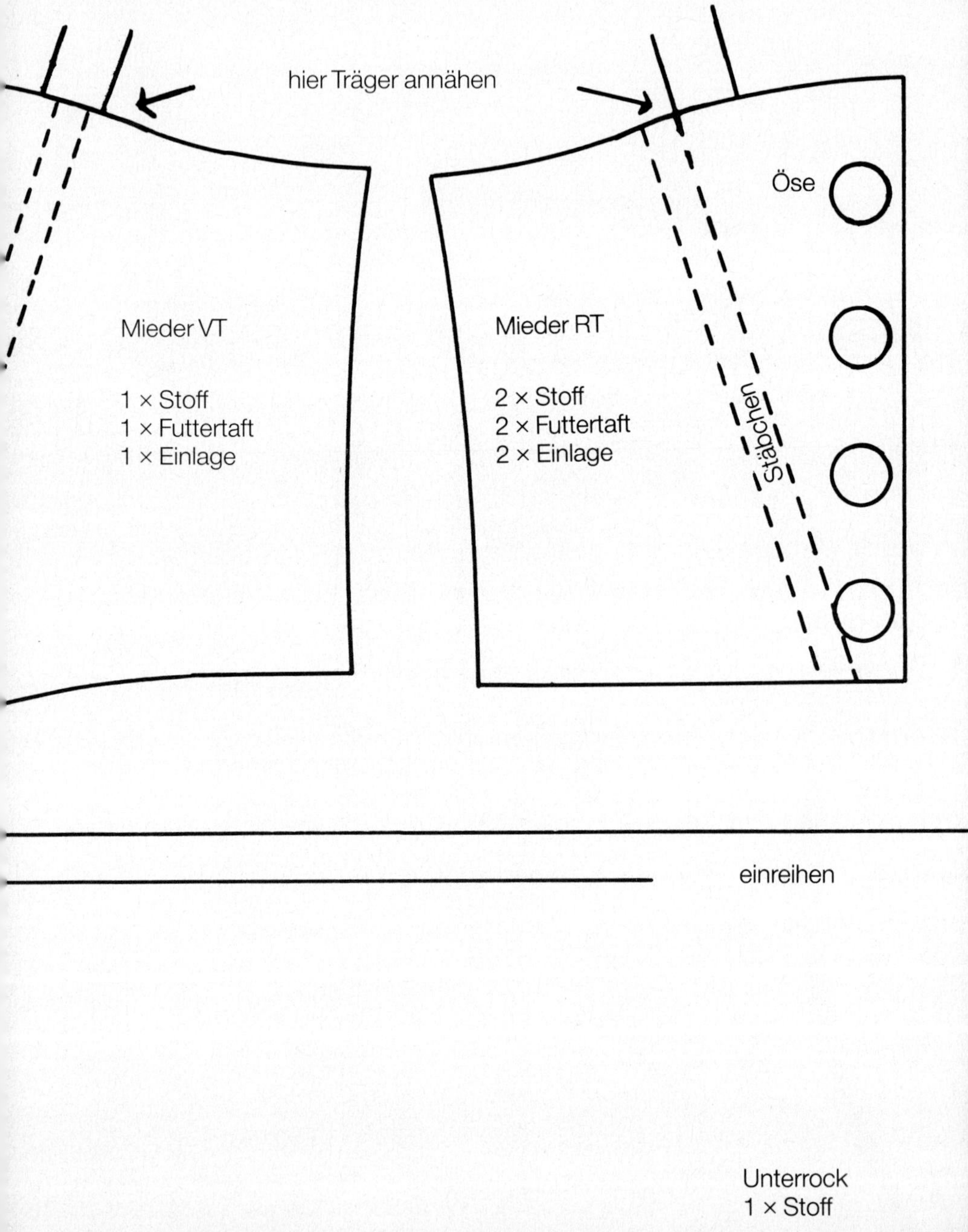
hier Träger annähen
Mieder VT
1 × Stoff
1 × Futtertaft
1 × Einlage
Mieder RT
2 × Stoff
2 × Futtertaft
2 × Einlage
Öse
Stäbchen
einreihen
Unterrock
1 × Stoff

Modell Colette

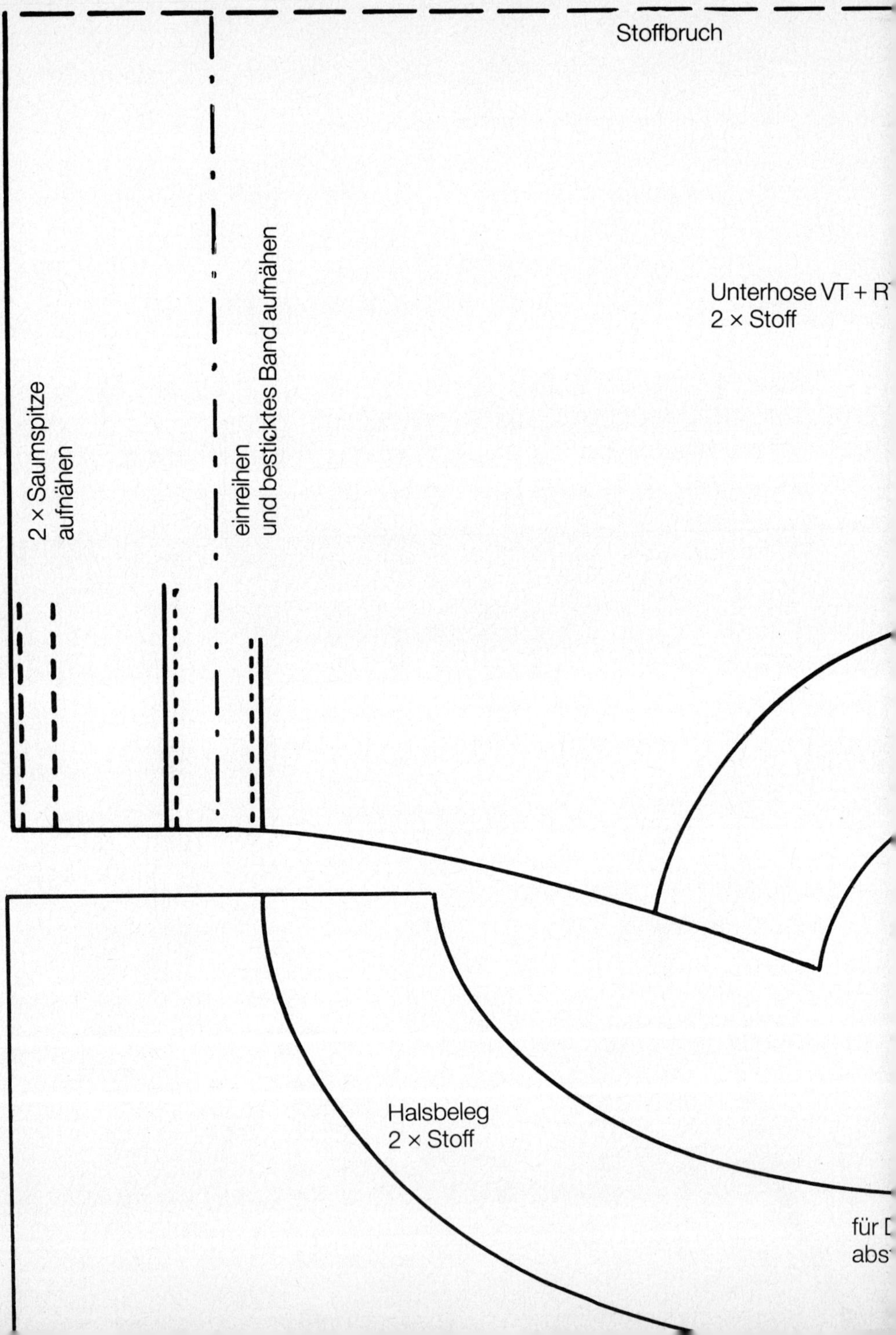
Stoffbruch
2 × Saumspitze
aufnähen
einreihen
und besticktes Band aufnähen
Unterhose VT + R
2 × Stoff
Halsbeleg
2 × Stoff
für
abs

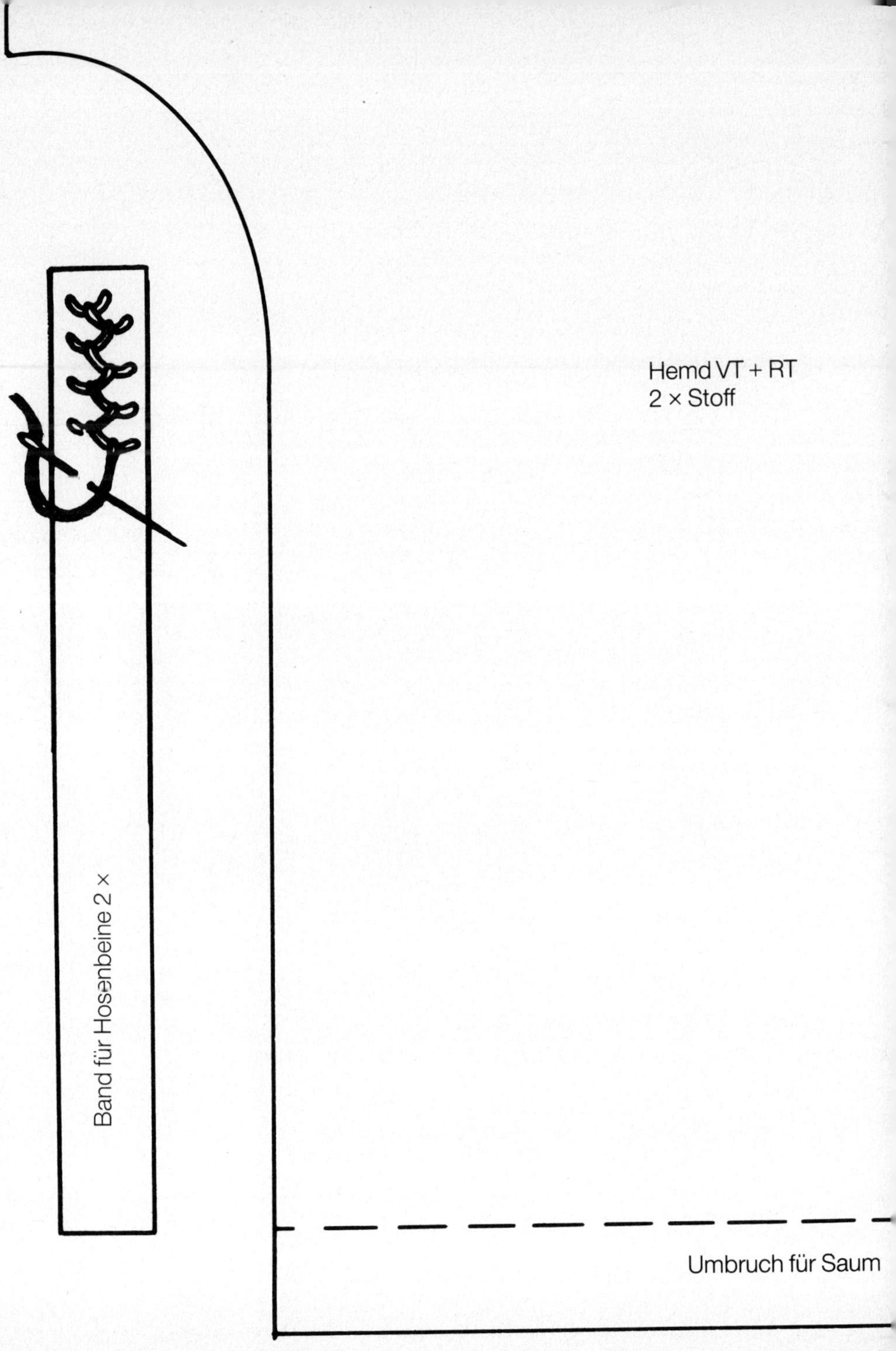
Hemd VT + RT
2 × Stoff
Band für Hosenbeine 2 ×
Umbruch für Saum

Frech-Verlag Stuttgart
Diethild-Marei Seyd
Stilvolle Puppenunterwäsche 8 **Best.-Nr. 1149**
Schnittmusterbogen **Modell 1**

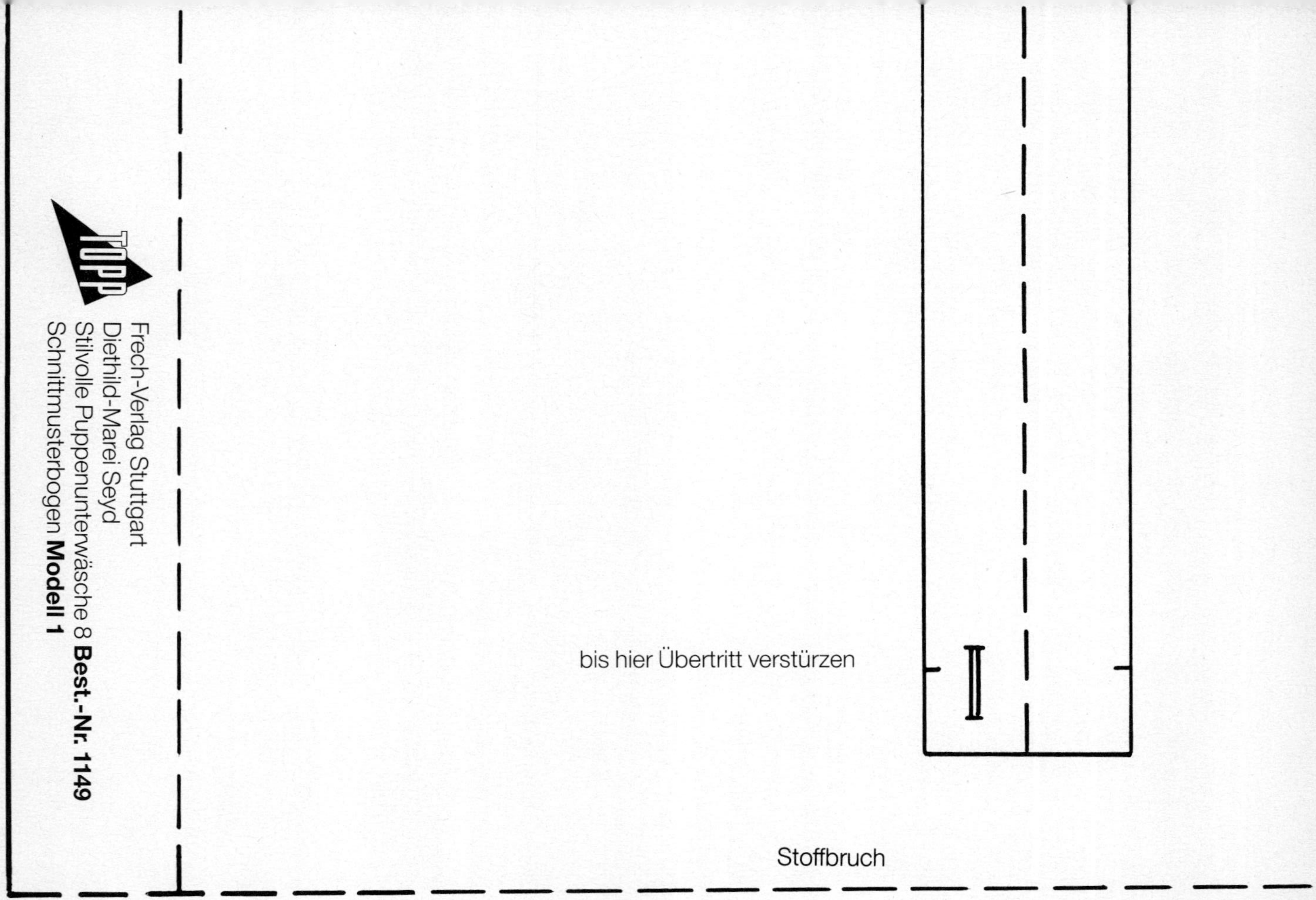

Modell Colette

Arbeitsanleitung für Hemd, Hose, Mieder und Halbrock
für eine Gliederpuppe, Gesamtgröße ca. 52 cm, Körpergröße ca. 40 cm.

Sie brauchen dazu:
ca. 0,60 m beigen Baumwollbatist, 1,40 m breit
ca. 3,00 m beige Tüllspitze, ca. 1,5 cm breit
ca. 0,35 m × 0,25 m rosa Wäschesatin, möglichst gemustert
ca. 0,35 m × 0,15 m rosa Futtertaft
ein Stück feste Vlieseline zum Aufbügeln
ca. 0,60 m schmale Spitze
ca. 0,50 m Draht als Einlagestäbchen
ca. 2,30 m Durchzugsband
8 Ösen zum Einschlagen
etwas rosa Stickgarn

Alle Teile mit 1 cm Nahtzugabe zuschneiden!

Um Pannen zu vermeiden:
Falls die gesamte Garnitur mit Mieder genäht wird, Rockbundweite nach Fertigstellung von Unterhemd, Mieder und Hose nochmals nachmessen (an der eigenen Puppe über dem Mieder!) und vor dem Zuschnitt entsprechend korrigieren!

Und so wird es gemacht:

Das Hemd:
1. Schulternähte schließen.
2. Halsbeleg versäubern, zusammennähen und an den Ausschnitt steppen, dabei Tüllspitze mitfassen.
3. Halsbeleg nach innen bügeln und ein Knopfloch laut Schnitt einarbeiten.
4. Die zugenähte Spitze kommt jetzt nach außen um den Ausschnitt, der ca. 8 mm breit abgesteppt wird.
5. Ärmelkanten säumen und Tüllspitze ansteppen.
6. Seitennähte schließen, dabei Nahtzugabe an den Ärmelrundungen einknipsen.
7. Saum umbügeln und absteppen.
8. Am Hals ca. 0,70 m Durchzugsband einziehen und zur Schleife binden.

Die Hose:
1. Belege versäubern und an die Schrittnähte steppen.
2. Schrittnaht im Vorderteil schließen.
3. Umbruch für das Durchzugsband nach innen bügeln und absteppen. Dabei an den Schlitzbelegen die versäuberten Enden offenlassen für das Durchzugsband.
4. Hosenbeine am Saum versäubern und zweimal Tüllspitze übereinander aufnähen (s. Schnitt).

5. Oberhalb des Saumes auf ca. 16 cm Weite einreihen.
6. Stoffstreifen für das Zierband zuschneiden und mit Fischgrätenstich besticken (s. Schnitt). Fertige Breite ca. 14 mm, fertige Weite ca. 14 cm; aber unbedingt erst an den Puppenbeinen nachmessen.
7. Fertig bestickte Streifen knappkantig auf die eingereihten Hosenbeine steppen.
8. Beinnähte schließen.
9. In der Taille ca. 60 cm Durchzugsband einziehen.

Der Halbrock:

1. Faltenbiesen lt. Schnitt absteppen und nach unten bügeln.
2. Saum am Umbruch nach innen bügeln und absteppen.
3. Tüllspitze am Saum knappkantig ansteppen.
4. Seitennähte versäubern und bis zum Schlitz zunähen, Nahtzugabe am Schlitz umbügeln.
5. Rockweite einreihen und an den Rockbund verstürzt annähen.
6. Von rechts knappkantig absteppen und dabei Übertritt mitversäubern oder bereits vor dem Annähen verstürzen.
7. An beiden Enden je ein Knopfloch einarbeiten, mit welchem der Rock am Mieder befestigt wird.

Falls Sie den Rock als Einzelteil arbeiten, nur ein Knopfloch einarbeiten und einen Knopf annähen.

Das Mieder:

1. Den Futterstoff mit aufbügelbarer Vlieseline verstärken und am besten erst danach zuschneiden.
2. An Ober- und Futterstoffteilen die Seitennähte schließen und auseinanderbügeln .
3. Oberstoff und Futterstoff an Taillen- und Rückennähten verstürzt zusammennähen.
4. Wie im Schnitt angegeben, auf der rechten Stoffseite schmale Tunnels für die Stäbchen absteppen.
5. Taillennaht mit schmaler Spitze garnieren.
6. Draht in entsprechender Länge zuschneiden und in die Tunnels einschieben.
7. Obere Miederkante mit Stoffstreifen versäubern, fertige Breite ca. 1 cm.
8. Schmale Spitze auf die Naht steppen.
9. Für die beiden Träger Stoffstreifen versäubern und an das Mieder lt. Schnitt annähen. Fertig 1 cm breit und ca. 12 cm lang (Am Puppenkörper kontrollieren!).
10. Für den Verschluß auf jeder Seite vier Ösen einschlagen und mit ca. 0,50 m Band zuschnüren.
11. Auf der linken Seitennaht einen Knopf für die Rockbefestigung annähen.

Und so wird die Puppe angezogen:

Zuerst das Hemd, darüber die Hose. Das Mieder schnürt man hinten. Erst zum Schluß den Unterrock, der an der Seite an das Mieder geknöpft wird, anziehen.

vordere Mitte

Frech-Verlag Stuttgart
Diethild-Marei Seyd
Stilvolle Puppenunterwäsche 8 **Best.-Nr. 1149**
Schnittmusterbogen **Modell 2**

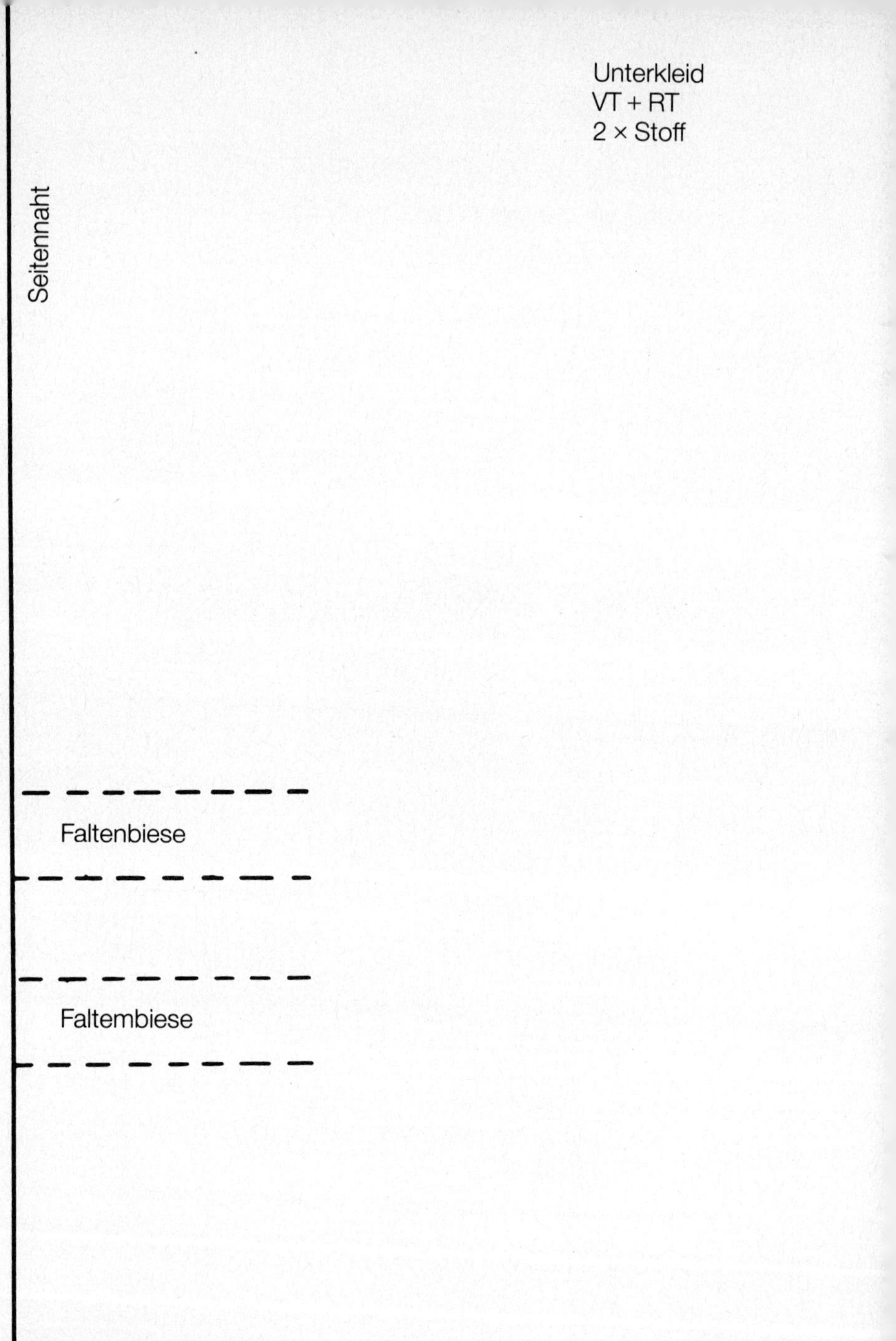
Unterkleid
VT + RT
2 × Stoff
Seitennaht
Faltenbiese
Faltembiese

Modell Klara

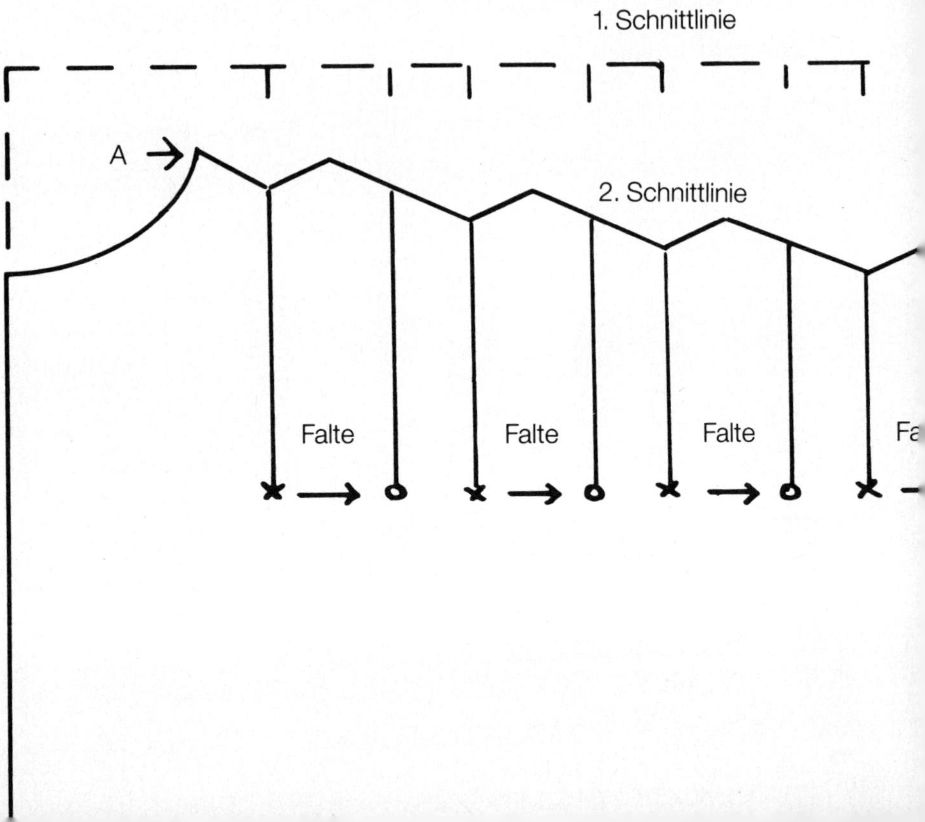

II

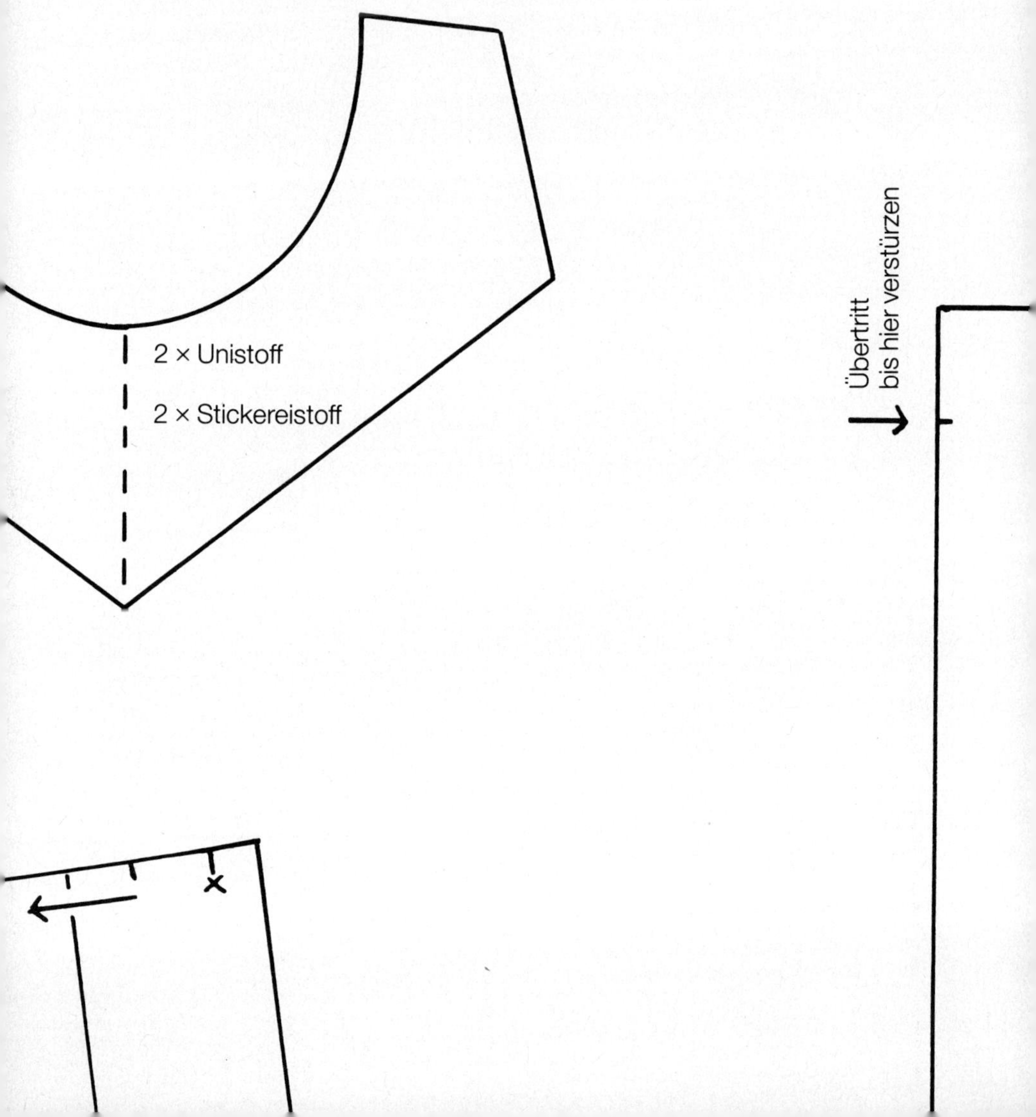

2 × Unistoff
2 × Stickereistoff
Übertritt
bis hier verstürzen

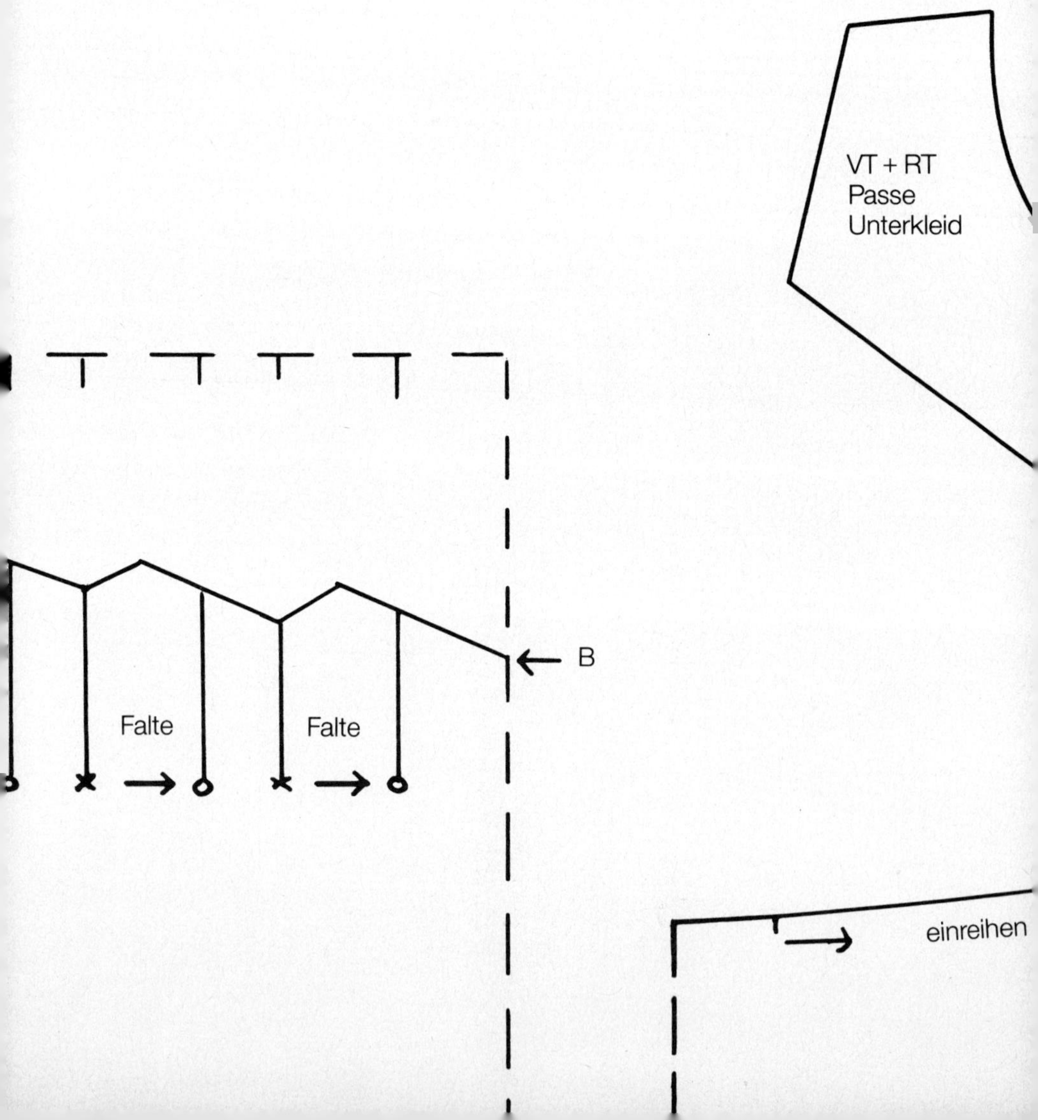
VT + RT
Passe
Unterkleid
B
Falte
Falte
einreihen

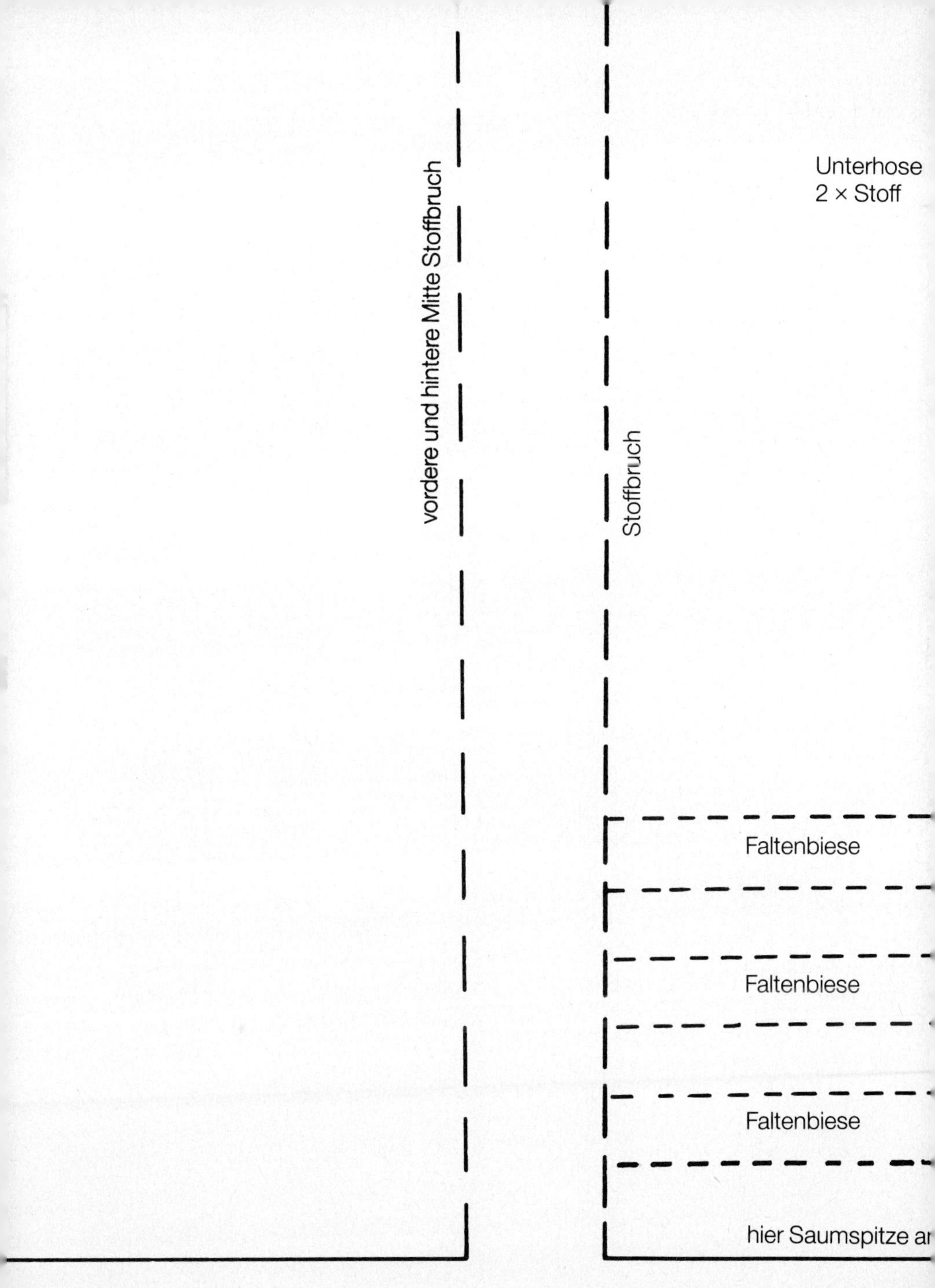
Unterhose
2 × Stoff
vordere und hintere Mitte Stoffbruch
Stoffbruch
Faltenbiese
Faltenbiese
Faltenbiese
hier Saumspitze ar

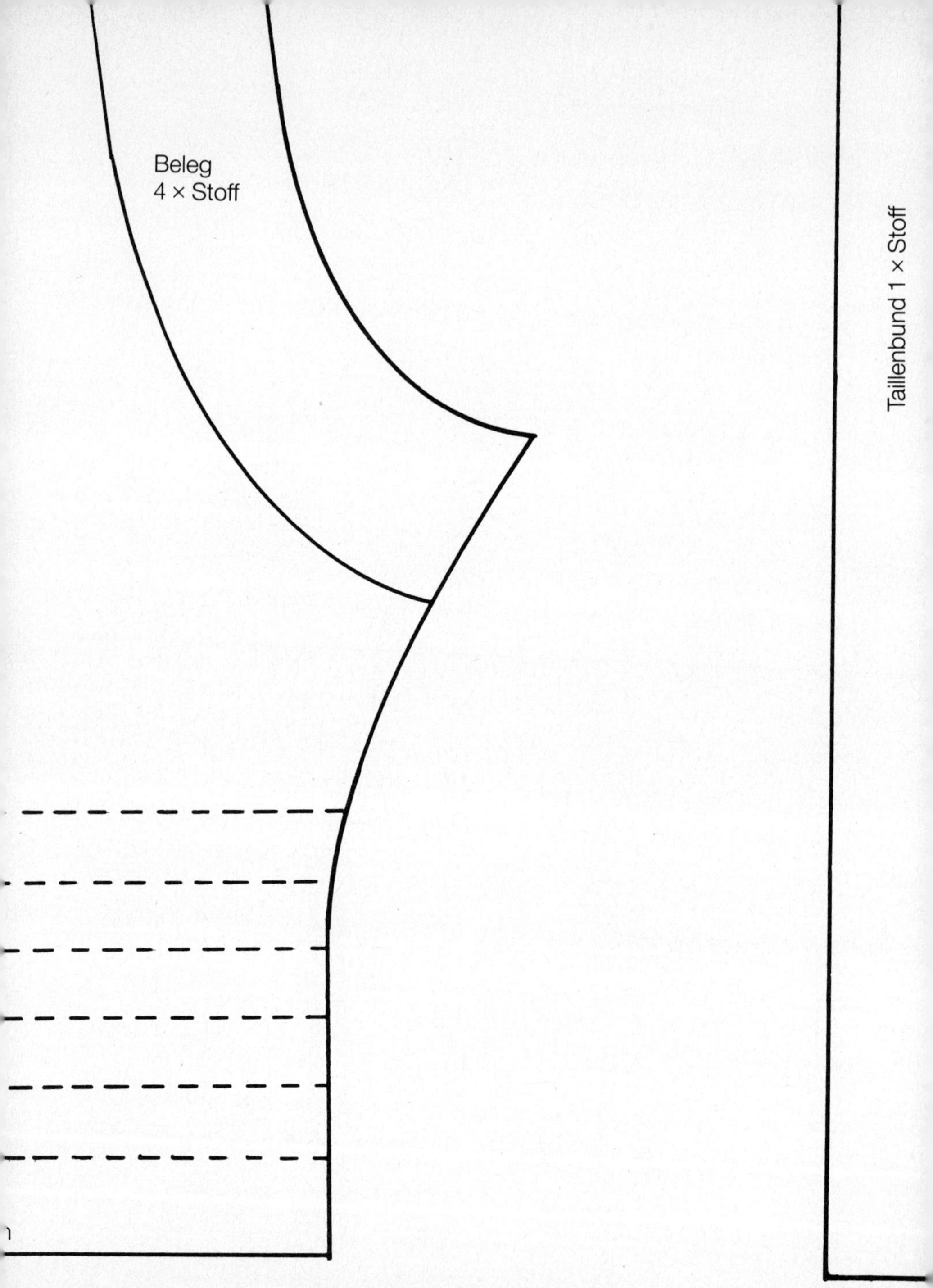
Beleg
4 × Stoff
Taillenbund 1 × Stoff

Modell Klara

Arbeitsanleitung für ein Unterkleid mit Unterhose
für eine Gliederpuppe, Gesamtgröße ca. 52 cm, Körpergröße ca. 40 cm.

Sie brauchen dazu:
ca. 0,35 m beigen Baumwollstoff, 1,40 m breit
ca. 10 × 30 cm farblich passenden Stickereistoff
ca. 1,00 m beige Stickereispitze, ca. 5 cm breit
ca. 0,50 m beige Stickereispitze, ca. 3 cm breit
ca. 0,50 m beige Durchzugspitze für 1 cm breites Band
ca. 1,00 m rosa Satinband, 1 cm breit
1 Perlmuttknopf

Alle Teile mit 7 mm Nahtzugabe zuschneiden!

Und so wird es gemacht:

Das Unterkleid:

1. Vorder- und Rückteil an der Schnittlinie zuschneiden, wie im Schnitt angegeben.
2. Die eingezeichneten Falten (x auf o) einlegen und ein Stück zuheften.
3. Punkt A und Punkt B mit einer geraden Linie verbinden und diese nachsteppen, (zuvor jedoch an der Passennaht die Länge kontrollieren).
4. Überstehenden Stoff und Armausschnitte nachschneiden.
5. Die Armausschnitte versäubern und nach innen umsteppen.
6. Vorder- und Rückteilpasse an Arm- und Halsausschnitt verstürzen, dabei an den Achselnähten jeweils 15 cm Satinband zwischenfassen.
7. Rockteile an die Passenteile nähen (zwischenfassen) und Nähte knappkantig absteppen.
8. Seitennähte schließen.
9. Faltenbiesen am Saum absteppen und nach unten bügeln.
10. Breite Spitze am Saum annähen und Naht ca. 5 mm breit absteppen.
11. Für den Gürtel ca. 30 cm Durchzugspitze versäubern und ca. 65 cm Satinband einziehen.
12. Gürtel und Achselbänder zur Schleife binden.

Die Unterhose:
Sie ist im Schritt ganz offen, nur in der Taille zusammengenäht!

1. Die im Schnitt angegebenen Faltenbiesen absteppen und nach unten bügeln.
2. Saumspitze annähen und Naht knapp absteppen.
3. Schrittbelege versäubern, ansteppen und nach innen bügeln.
4. Übertritt am Taillenbund verstürzen und Umbruch umbügeln.
5. Hosenteile auf Taillenbundweite einreihen und in der vorderen Mitte ca. ½ cm übereinanderheften (s. ⋆ im Schnitt).
6. Hosenbeine zusammennähen.

7. Hosentaille an den Bund verstürzt annähen und knappkantig absteppen.
8. Knopfloch in den Bund arbeiten und Knopf annähen.

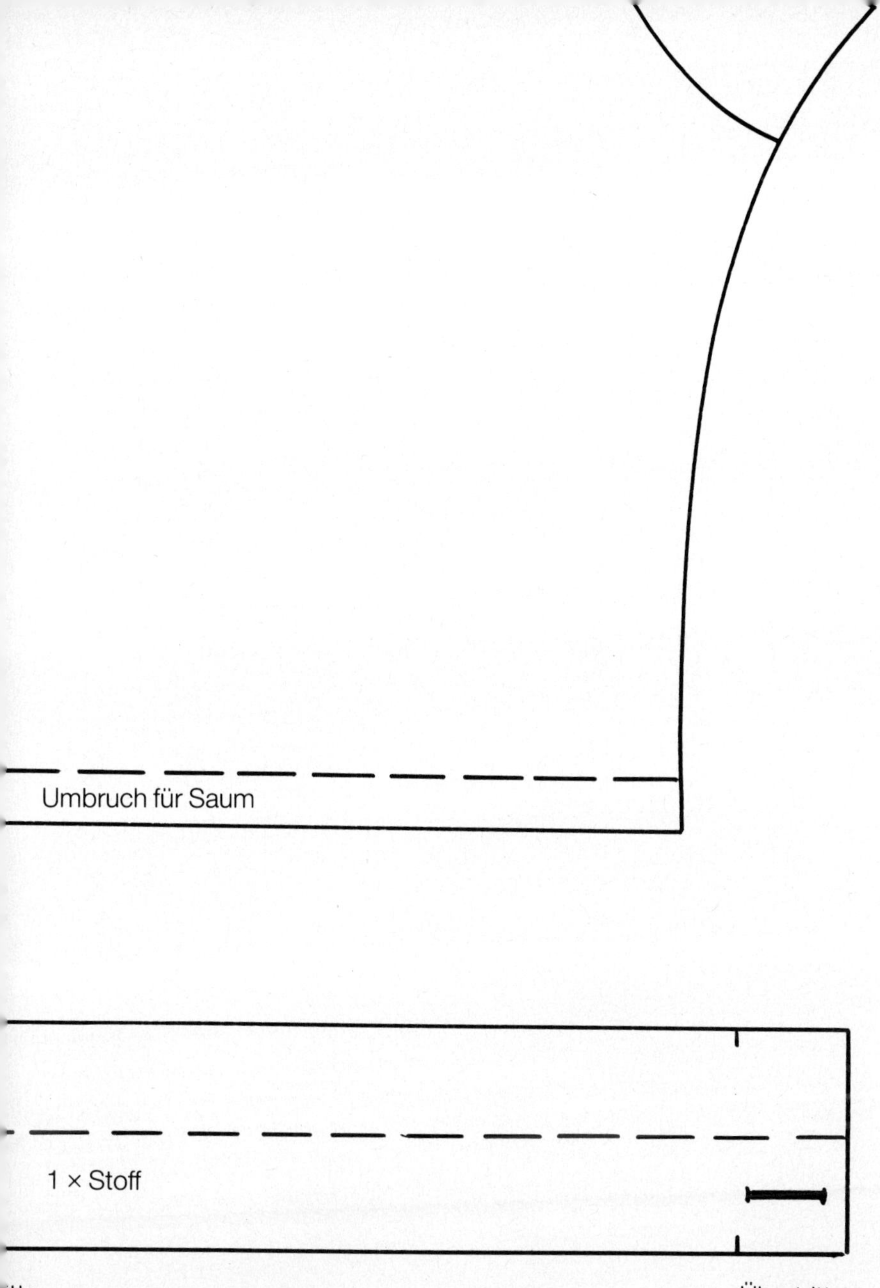

Frech-Verlag Stuttgart
Diethild-Marei Seyd
Stilvolle Puppenunterwäsche 8 **Best.-Nr. 1149**
Schnittmusterbogen **Modell 5**

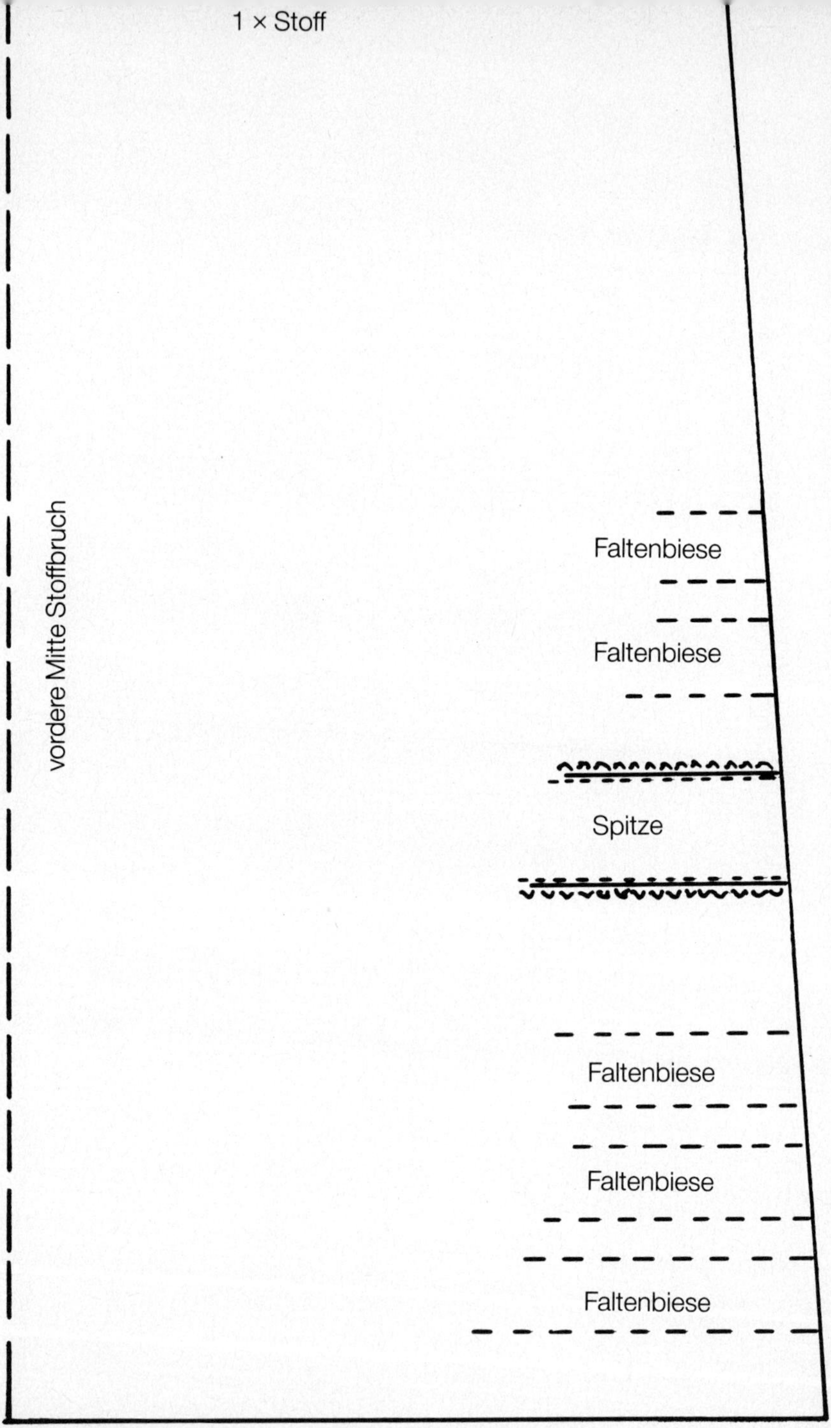
1 × Stoff
vordere Mitte Stoffbruch
Faltenbiese
Faltenbiese
Spitze
Faltenbiese
Faltenbiese
Faltenbiese

Modell Frederike

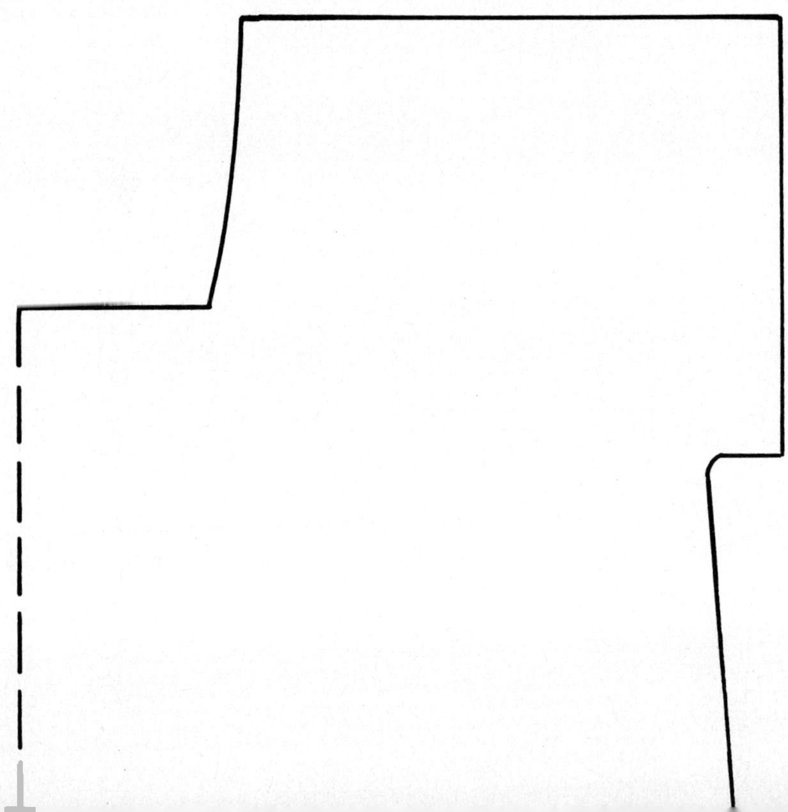

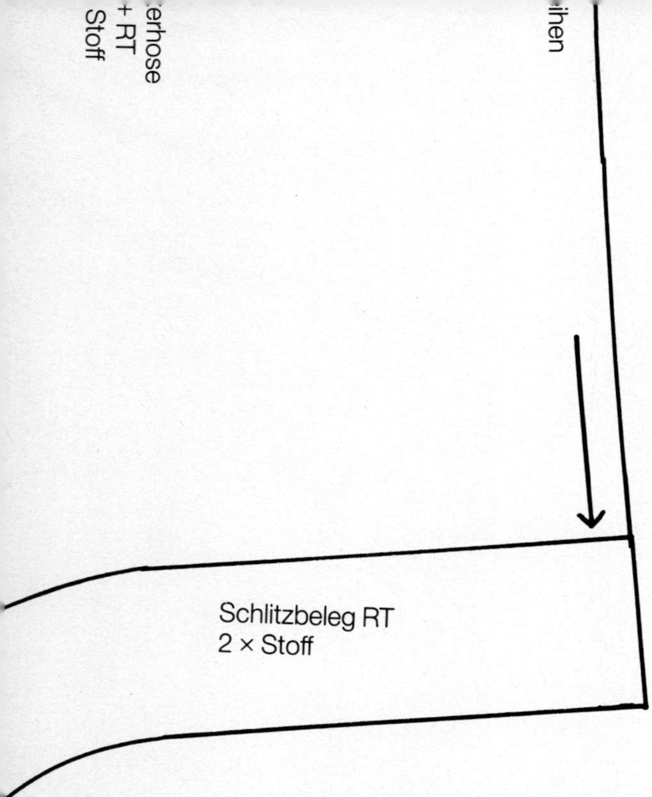
Schlitzbeleg RT
2 × Stoff

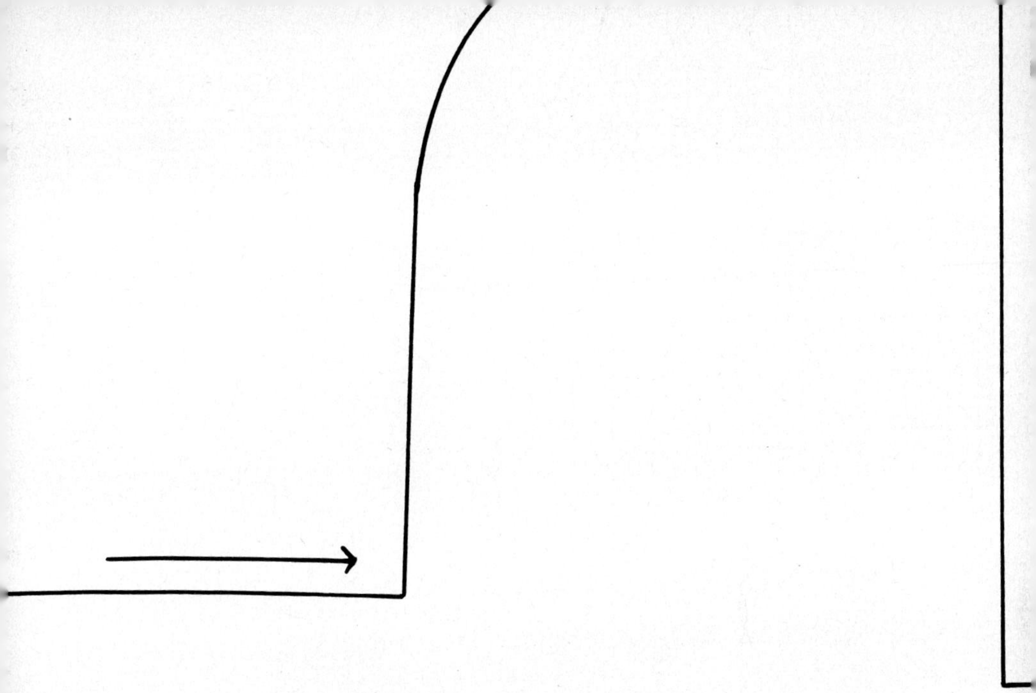

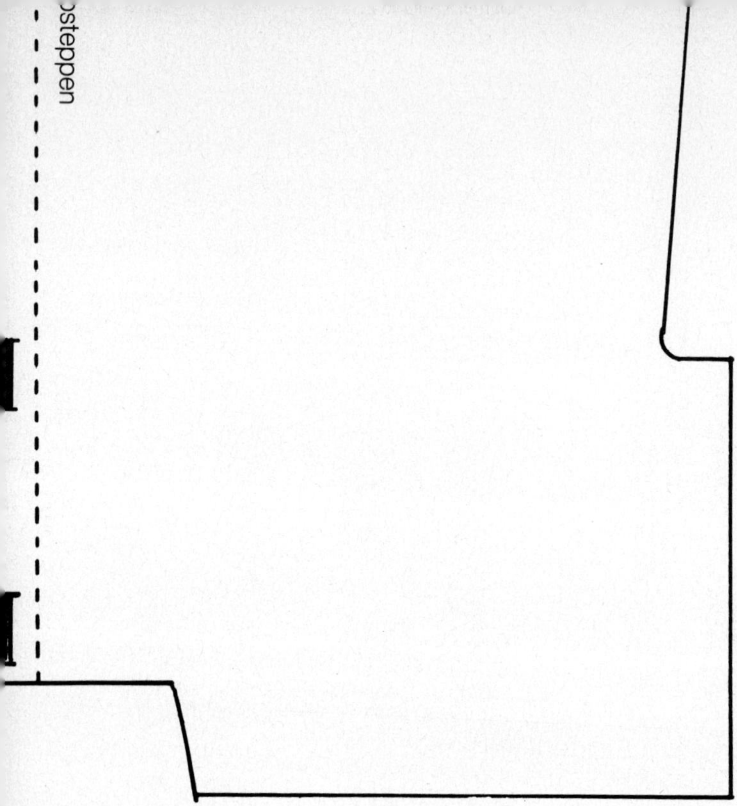
steppen

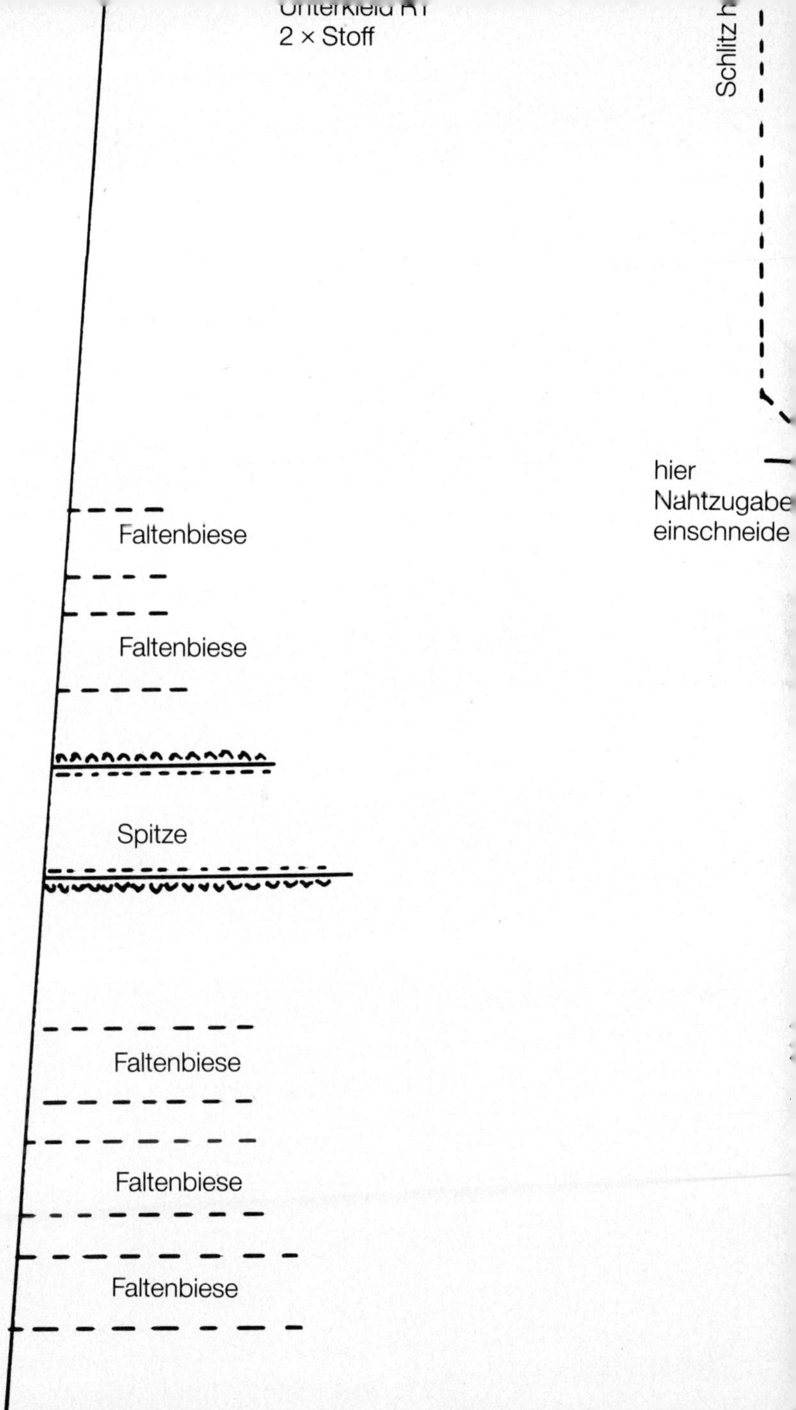
2 × Stoff
Schlitz
hier
Nahtzugabe
Faltenbiese
Faltenbiese
Spitze
Faltenbiese
Faltenbiese
Faltenbiese

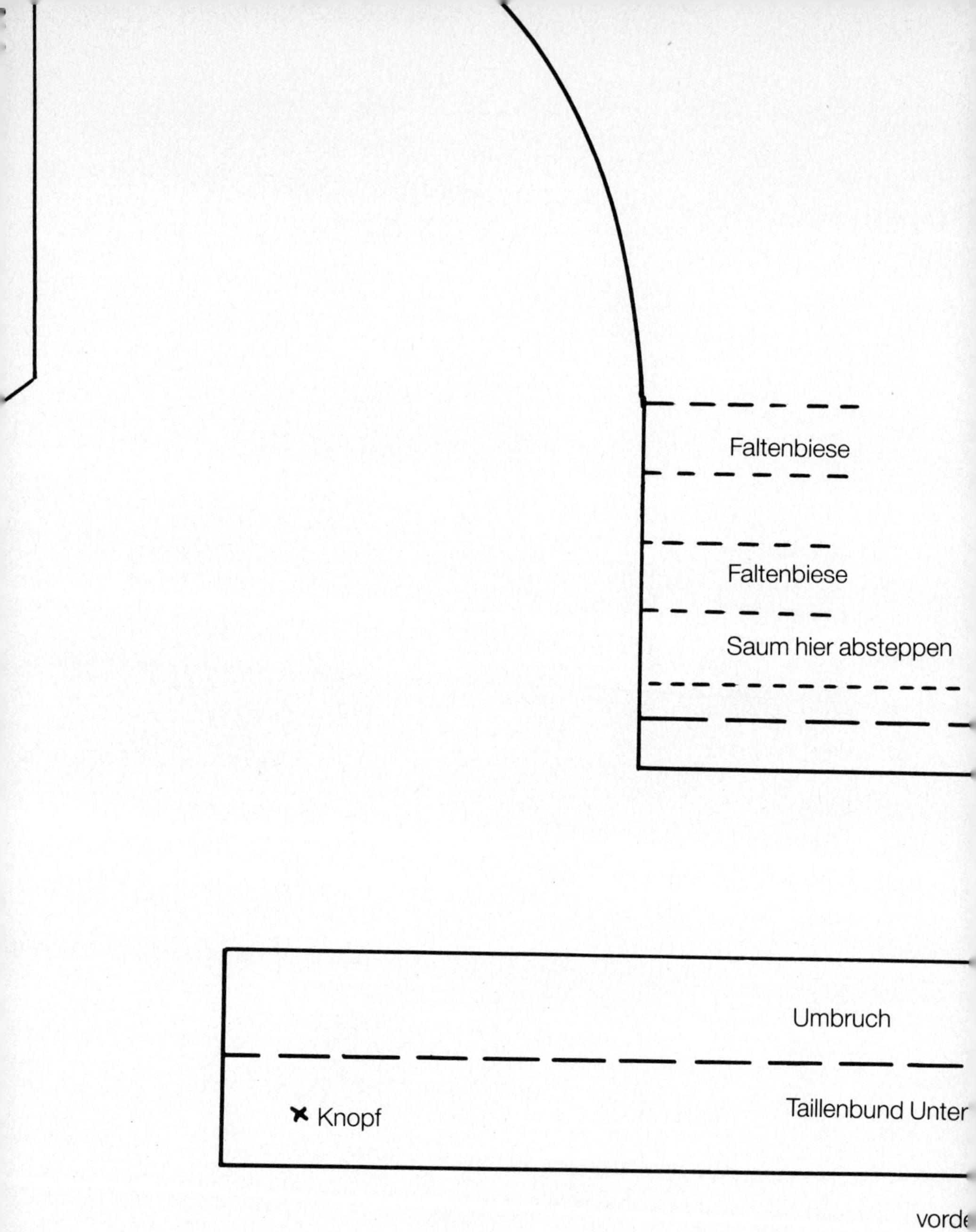
Faltenbiese
Faltenbiese
Saum hier absteppen
Umbruch
Knopf
Taillenbund Unter
vorde

Modell Frederike

Arbeitsanleitung zur Unterwäsche-Garnitur,
bestehend aus Unterkleid mit Unterhose
für eine Gliederpuppe, Gesamtgröße ca. 45 cm, Körpergröße ca. 33 cm.

Sie brauchen dazu:

ca. 0,35 m ecrufarbenen Baumwollbatist, 1,40 m breit
ca. 1,20 m farblich passende Klöppelspitze, ca. 1,5 cm breit
ca. 0,80 m rosa Taftband, 1,5 cm breit
ca. 0,80 m beige, schmale Saumspitze
3 Perlmuttknöpfe

Alle Teile mit 7 mm Nahtzugabe zuschneiden!

Und so wird es gemacht:

Das Unterkleid:

1. Rückwärtige Naht schließen und Nahtzugabe am Schlitz einknipsen.
2. Umbruch am Schlitz nach innen bügeln und von rechts lt. Schnitt absteppen.
3. Im Vorder- und Rückteil Faltenbiesen am Saum absteppen und nach unten bügeln.
4. Für die Spitzengarnierung Klöppelspitze mit untergelegtem Satinband lt. Schnitt aufsteppen. Satinband evtl. etwas umbügeln, falls es zu breit ist.
5. Schulternähte schließen.
6. Halsausschnitt und Armlöcher versäubern und Nahtzugabe nach innen umsteppen. Nahtzugabe in den Ecken einschneiden.
7. Klöppelspitze um Halsausschnitt und Armlöcher steppen.
8. Seitennähte schließen.
9. Am Saum Nahtzugabe nach innen säumen und schmale Spitze aufnähen.
10. Zwei Knopflöcher lt. Schnitt am Rückenschlitz einarbeiten und mit zwei Perlmuttknöpfen schließen.
11. Schleife aufnähen.

Die Unterhose:

1. Lt. Schnitt Faltenbiesen absteppen und nach unten bügeln.
2. Saum nach innen versäubern, in Faltenbreite absteppen und Spitzen um dem Saum nähen.
3. Hosenbeinnähte schließen.
4. Schlitzbelege versäubern, aufsteppen und nach innen bügeln.
5. Vordere Schrittnaht schließen.
6. Hosenbund einreihen und Taillenbund verstürzt annähen, dabei Übertritt mit versäubern.
7. Knopfloch einarbeiten und Verschlußknopf annähen.

Persil
59

Modell Elsbeth

Arbeitsanleitung zum Unterkleid mit geknöpften Achselträgern
für eine Gliederpuppe, Gesamtgröße ca. 34 cm, Körpergröße ca. 27 cm.

Sie brauchen dazu:
ein Stück weißen Baumwollstoff, ca. 40 cm × 40 cm
ca. 1,00 m schmale Languettenborte in Weiß
2 Perlmuttknöpfe

Alle Teile mit 5 mm Nahtzugabe zuschneiden!

Und so wird es gemacht:

1. Zugeschnittene Stoffteile von der Seitennaht aus bis * einschneiden, wie im Schnitt angegeben.
2. Untere Schnittkante bis o auf obere Kantenlänge einreihen und annähen.
3. Biesen im Rock absteppen und nach unten bügeln.
4. Stoffteile für das Innenfutter auf die rechte Stoffseite nähen, nach innen umdrehen und Nähte gut überbügeln.
5. Rundum Languettenborte ansteppen.
6. Seitennähte schließen und Saum versäubern.
7. Borte an den Saum steppen.
8. Achselträger im Vorderteil mit Knopflöchern versehen und Knöpfe auf dem Rückteil annähen.

Modell Hermine (Puppe mit Zöpfen – rechts auf dem Foto)

Arbeitsanleitung zur kurzen Unterhose mit geraden Beinen
für eine Gliederpuppe, Gesamtgröße ca. 34 cm, Körpergröße ca. 27 cm.

Sie brauchen dazu:
ca. 20 cm × 50 cm weißen Baumwollstoff
ca. 0,40 m Languettenborte in Weiß, ca. 1 cm breit
1 Perlmuttknopf

Alle Teile mit 5 mm Nähtzugabe zuschneiden!

Und so wird es gemacht:

1. Faltenbiesen absteppen und nach unten bügeln.
2. Säume umnähen und Borte aufsteppen.
3. In der Taille jeweils Fältchen einlegen (x auf o) und abheften.
4. Beinnähte schließen und Schrittnaht bis Schlitzende zunähen.
5. Schlitzumbruch einschneiden und nach innen versäubern.
6. Taillenbund verstürzt an die Hosentaille nähen.
7. Nähte knapp absteppen und dabei Übertritt mit versäubern.
8. Knopfloch einarbeiten und Knopf annähen.

Modell Adelheid (rechts unten auf dem Foto)

Arbeitsanleitung zum kurzen Pumphöschen
für eine Gliederpuppe, Gesamtgröße ca. 45 cm, Körpergröße ca. 33 cm.

Sie brauchen dazu:
ca. 0,25 m × 0,50 m weißen Baumwollbatist
1 Perlmuttknopf

Alle Teile mit 5 mm Nahtzugabe zuschneiden!

Und so wird es gemacht:

1. Schlitz in der hinteren Mitte nach innen versäubern.
2. Stoffkanten an den Hosenbeinen einkräuseln und mit den Saumblenden versäubern.
3. Beinnähte und Schrittnähte bis Schlitz schließen.
4. Taillennaht einkräuseln und Bund ansteppen.
5. Umbruch umbügeln und aufsteppen, dabei Übertritt mit versäubern.
6. Knopfloch einarbeiten und Knopf annähen.

Modell Ännchen (Ohne Abb., s. Zeichnung auf dem Schnittmusterbogen)

Arbeitsanleitung zur Windelunterhose mit Schrittverschluß
für eine Puppe, Gesamtgröße ca. 45 cm, Körpergröße ca. 33 cm.

Sie brauchen dazu:
ca. 0,45 m × 0,15 m Baumwollstoff
ca. 0,45 m Klöppelspitze, ca. 1 cm breit
3 kleine Druckknöpfe
ca. 0,25 m Gummiband

Alle Teile mit 5 mm Nahtzugabe zuschneiden!

Und so wird es gemacht:

1. Umbruch am Saum nach innen bügeln.
2. Spitze lt. Schnitt mit kleinen Zick-Zack-Stichen aufnähen und darunterliegenden Stoff vorsichtig wegschneiden.
3. Schrittnähte schließen.
4. Umbruch für Gummizug nach innen versäubern und dabei Gummi als geschlossenen Ring mit einnähen (oder Knopfloch einarbeiten). Fertige Weite ca. 20 cm, nochmals am Puppenkörper kontrollieren.
5. Für den Schrittverschluß Vorder- und Rückteil mit schmalem Stoffstreifen versäubern (s. Schnitt).
6. Drei kleine Druckknöpfre als Verschluß annähen (oder passende Metalldruckknöpfe befestigen).

Modell Marei Puppe mit Schleife im Haar – links auf dem Foto)

Arbeitsanleitung für ein Unterkleid mit Spitzenträgern
für eine Gliederpuppe, Gesamtgröße ca. 45 cm, Körpergröße ca. 33 cm.

Sie brauchen dazu:
ca. 50 cm × 25 cm weißen Baumwollstoff
ca. 0,80 m weiße Stickereispitze, ca. 4 cm breit
ca. 0,25 m weiße Stickereispitze, ca. 2,5 cm breit
ca. 0,30 m weiße Stickereispitze, ca. 2,5 cm breit, beidseitig languettiert = mit Bogenkante versäubert
1 Häkchen für den Verschluß im Rücken

Alle Teile mit 5 mm Nahtzugabe zuschneiden!

Und so wird es gemacht:

1. Biesen im Vorder- und Rückteil abnähen und jeweils zum Armloch hin bügeln.
2. Auf die Vorderteilmitte Spitzengarnierung aufsteppen, wie aus Schnitt und Foto ersichtlich.
3. Im Rückteil Schlitz einschneiden und mit schmalen Schrägstreifen versäubern.
4. Seitennähte schließen und Schnittkanten rundum versäubern.
5. Armlöcher mit schmaler Spitze versehen und Stickereispitze quer an die Passennähte steppen.
6. Für die Träger jeweils ca. 10 cm Spitze annähen. (Länge am Puppenkörper kontrollieren!)
7. Als Rückenverschluß Häkchen annähen und mit Garnöse schließen.
8. Stickereispitze einkräuseln und an den Saum nähen.

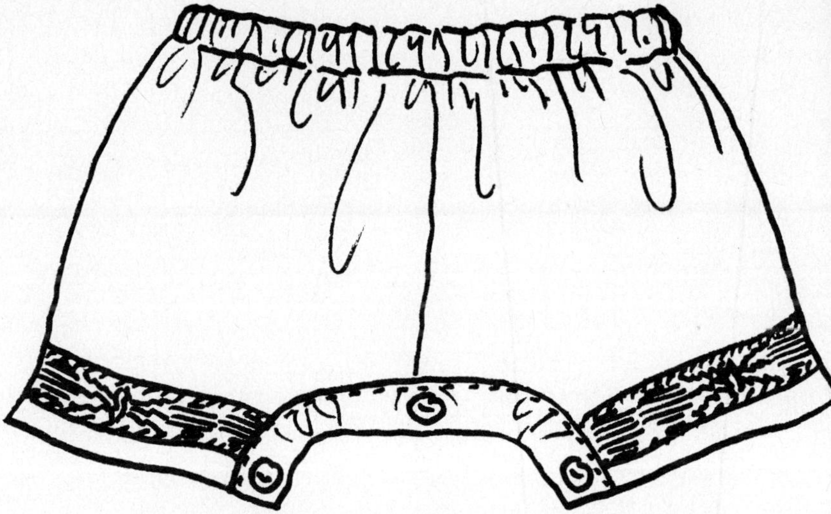

Modell Ännchen

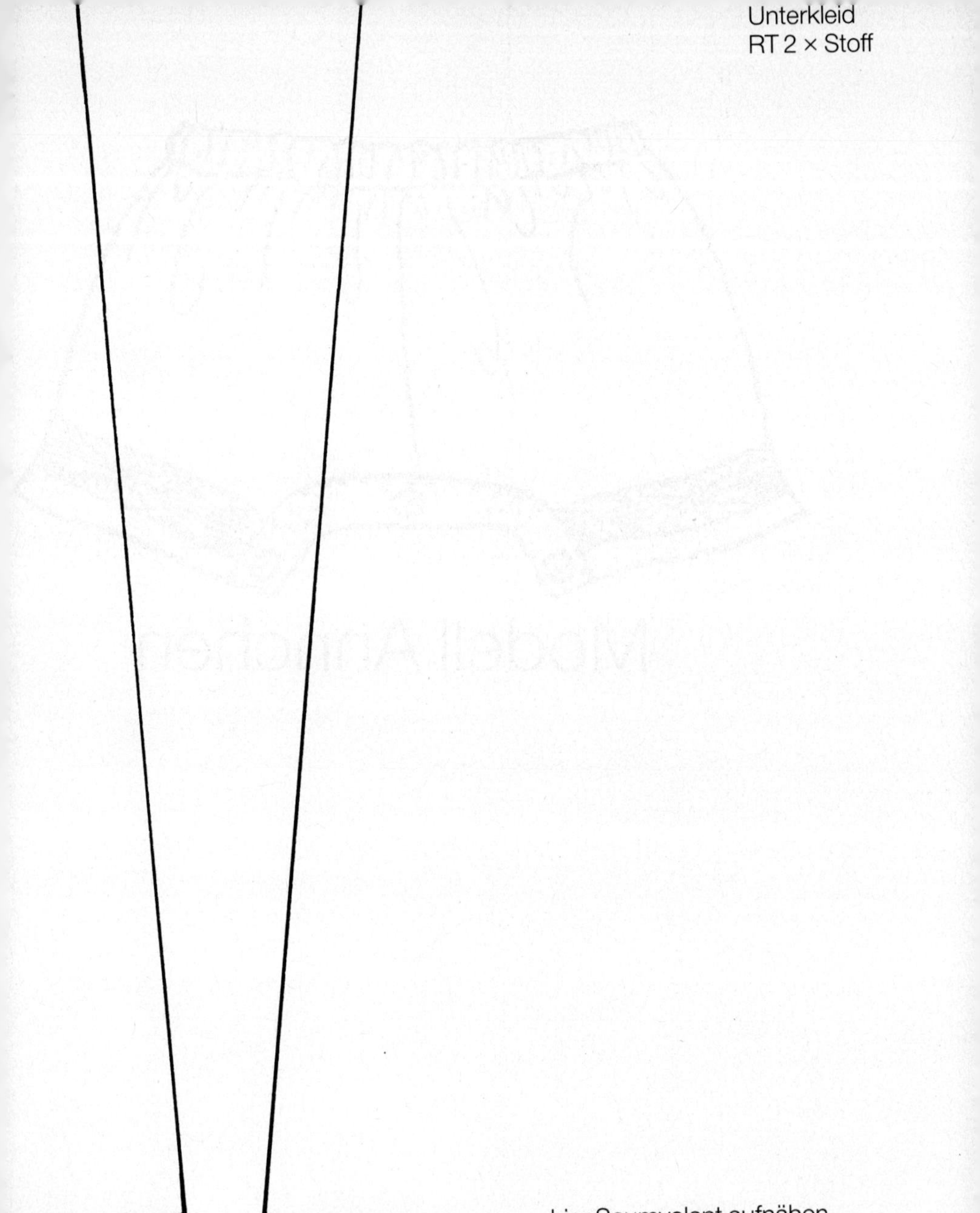
Unterkleid
RT 2 × Stoff
hier Saumvolant aufnähen

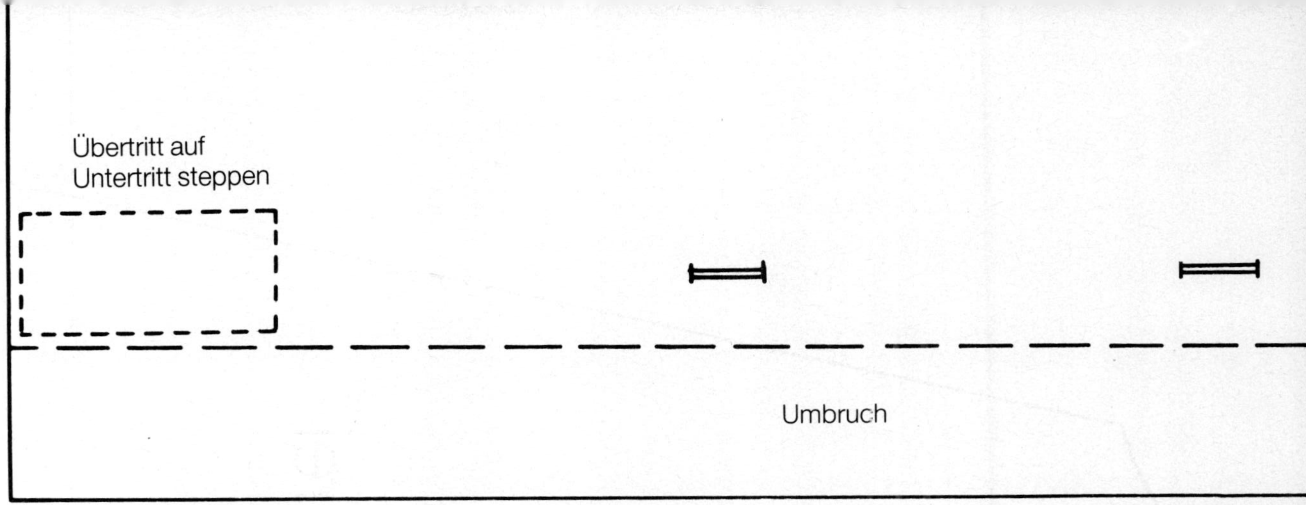
Übertritt auf
Untertritt steppen
Umbruch

Biese
Biese
nur
im Rückenteil
Schlitz einschneiden
Unterkleid
VT + RT
2 × Stoff
Modell Marei
Modell 7
hier Saumspitze als Rüsche annähen

Modell Hermine
Modell 8

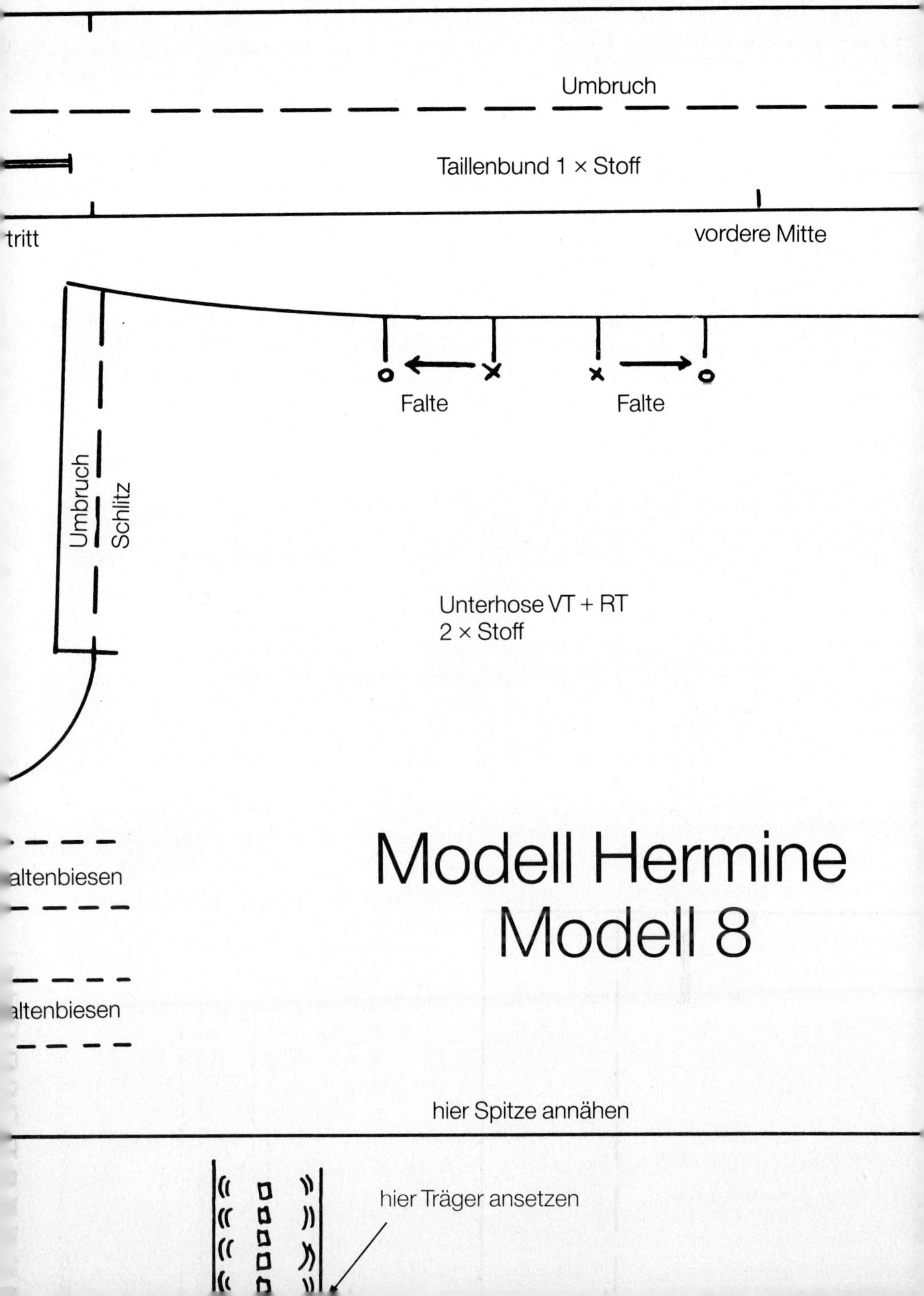

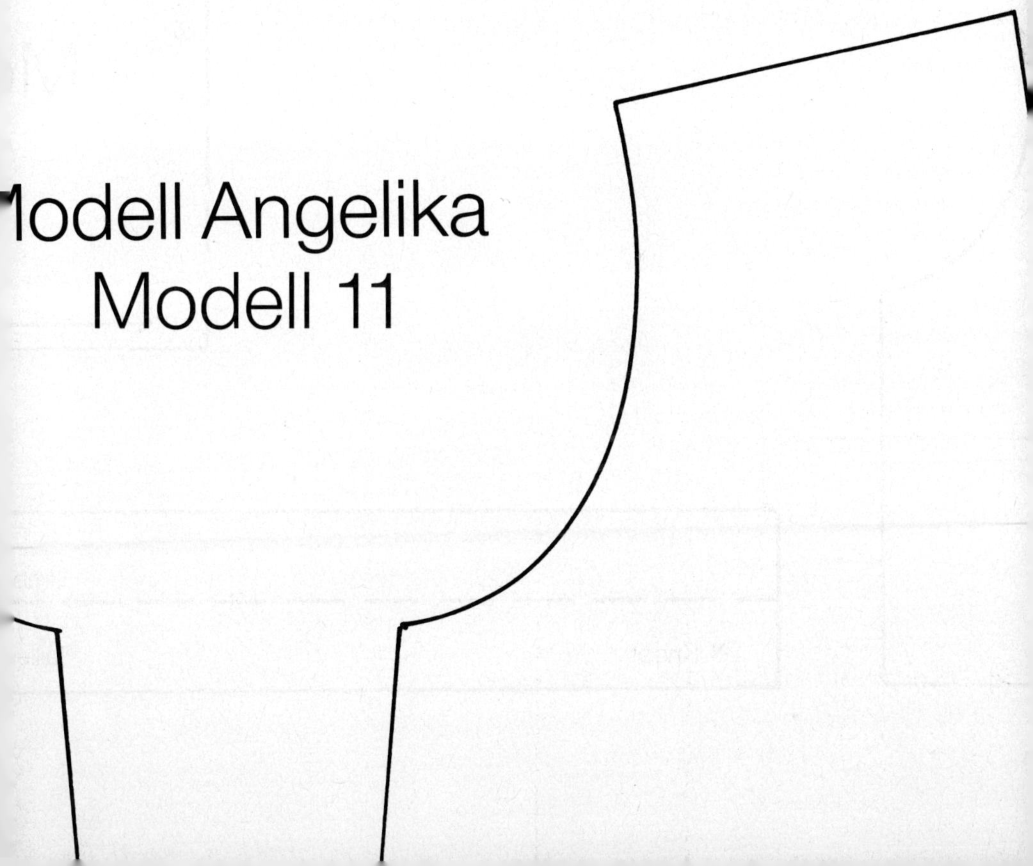
Modell Angelika
Modell 11

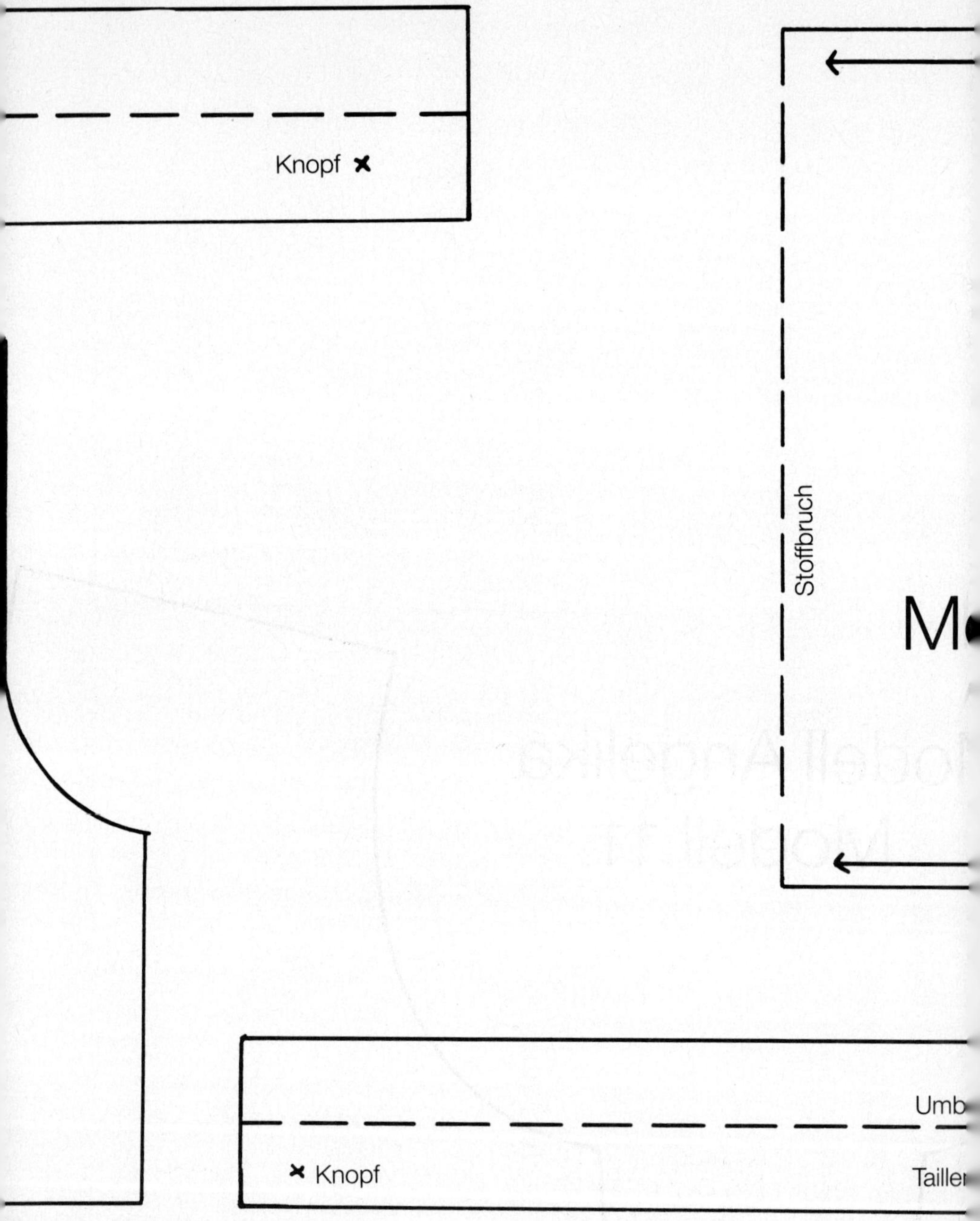
Knopf
Stoffbruch
M
Umb
Knopf
Tailler

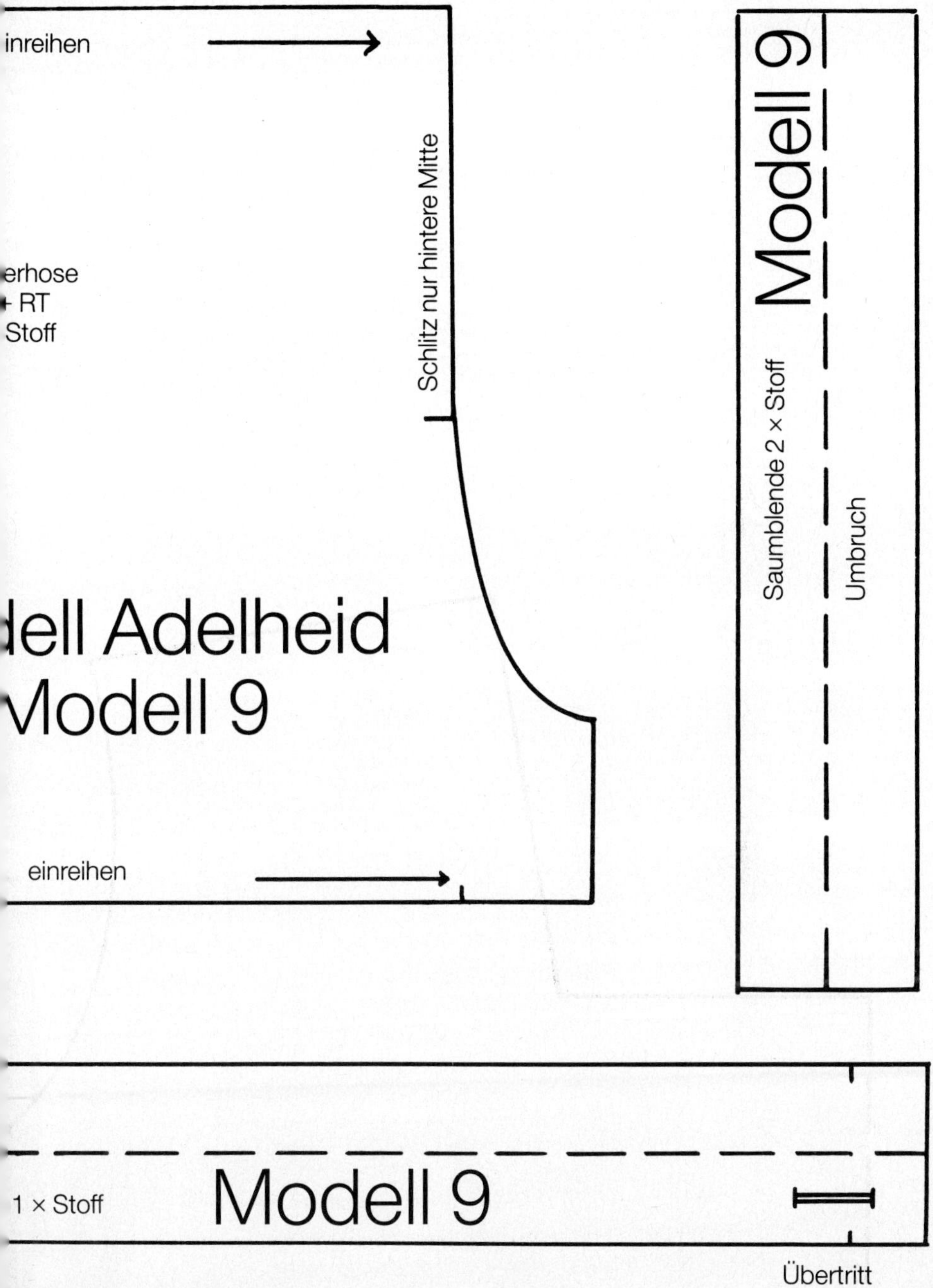
inreihen
Schlitz nur hintere Mitte
erhose
+ RT
Stoff
dell Adelheid
Modell 9
einreihen
Modell 9
Saumblende 2 × Stoff
Umbruch
1 × Stoff
Modell 9
Übertritt

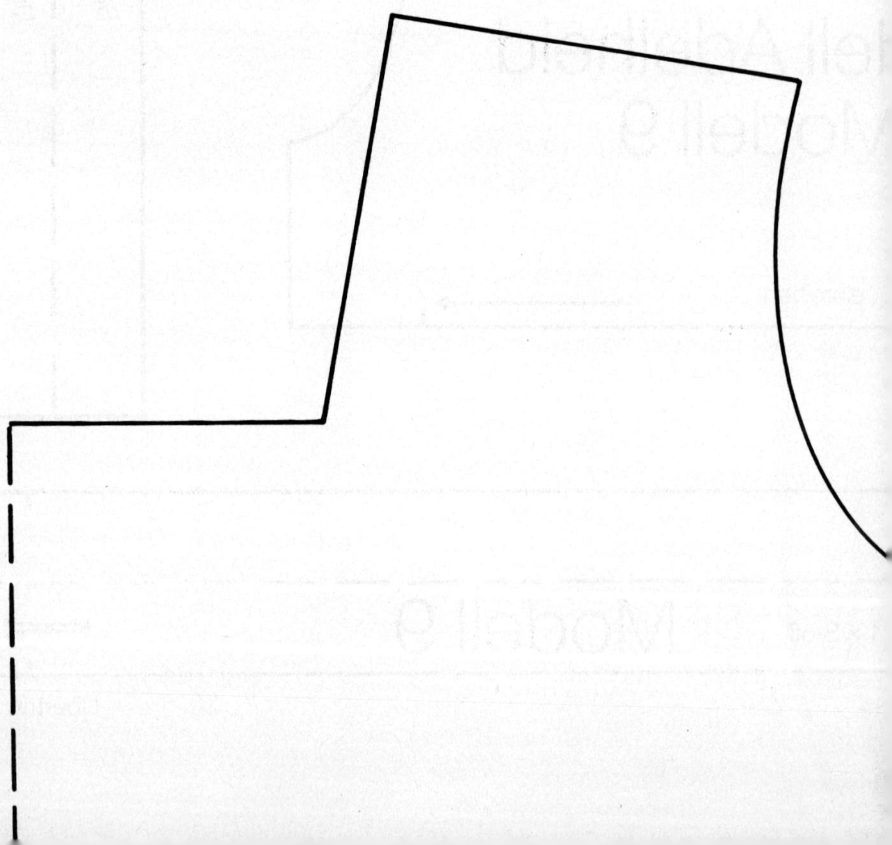

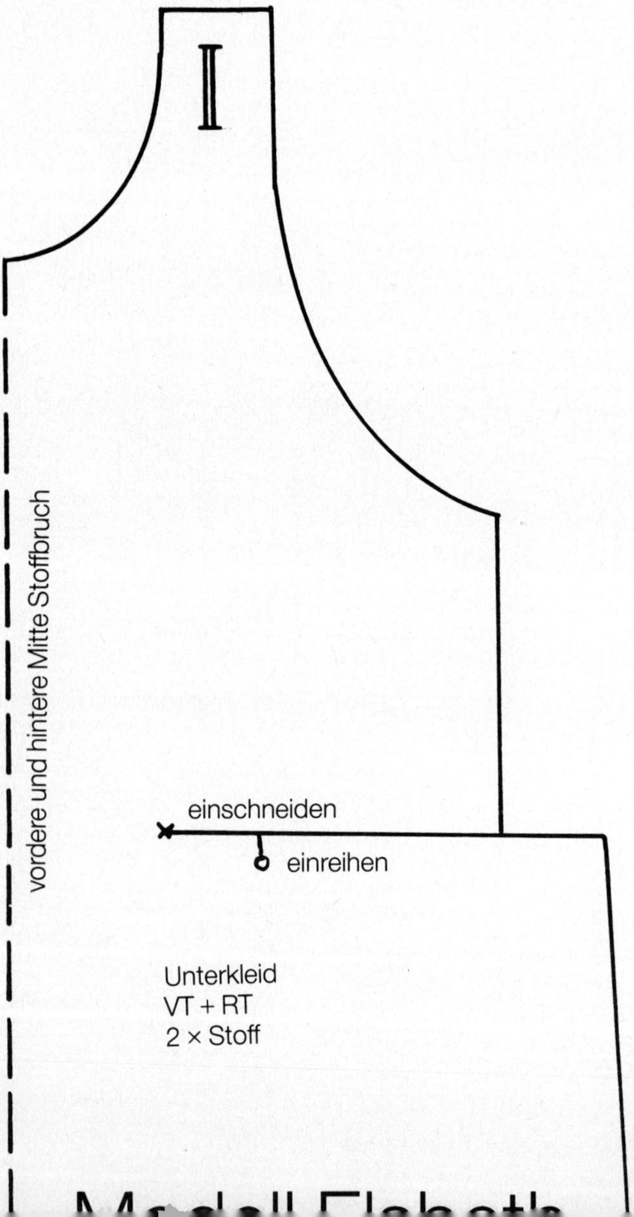
I
vordere und hintere Mitte Stoffbruch
einschneiden
einreihen
Unterkleid
VT + RT
2 × Stoff

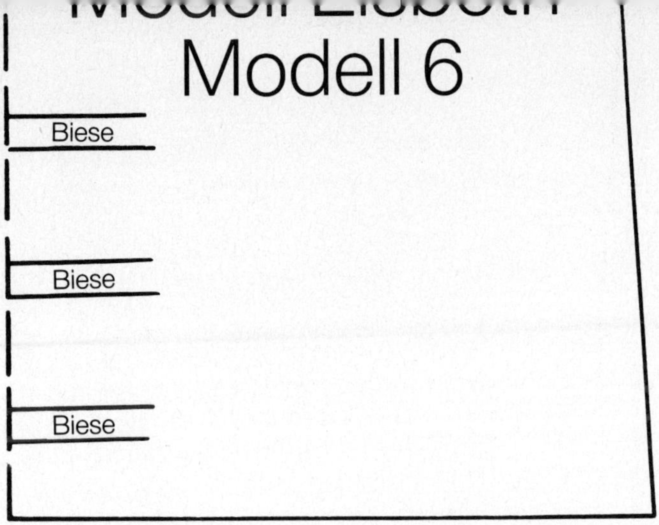

Borte auf das

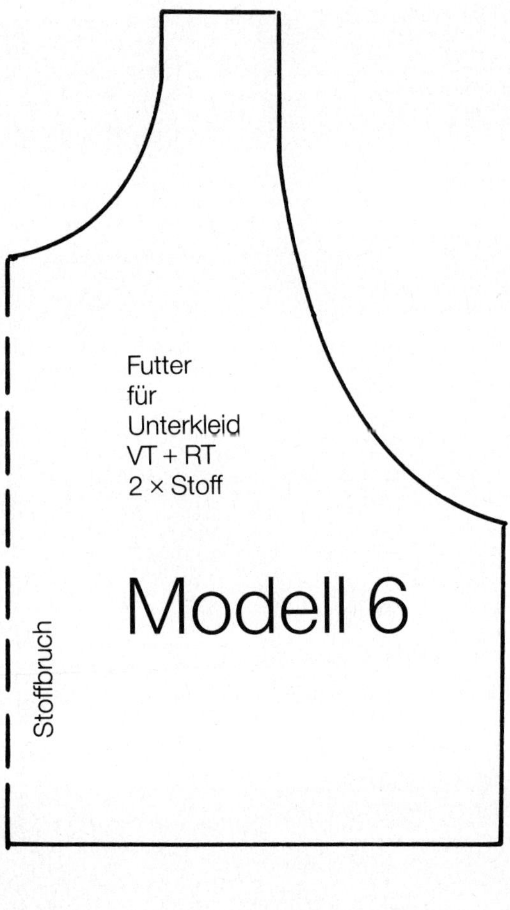

Unterkleid
VT 1 × Stoff
vordere Mitte Stoffbruch
hier Saumvolant aufnähen

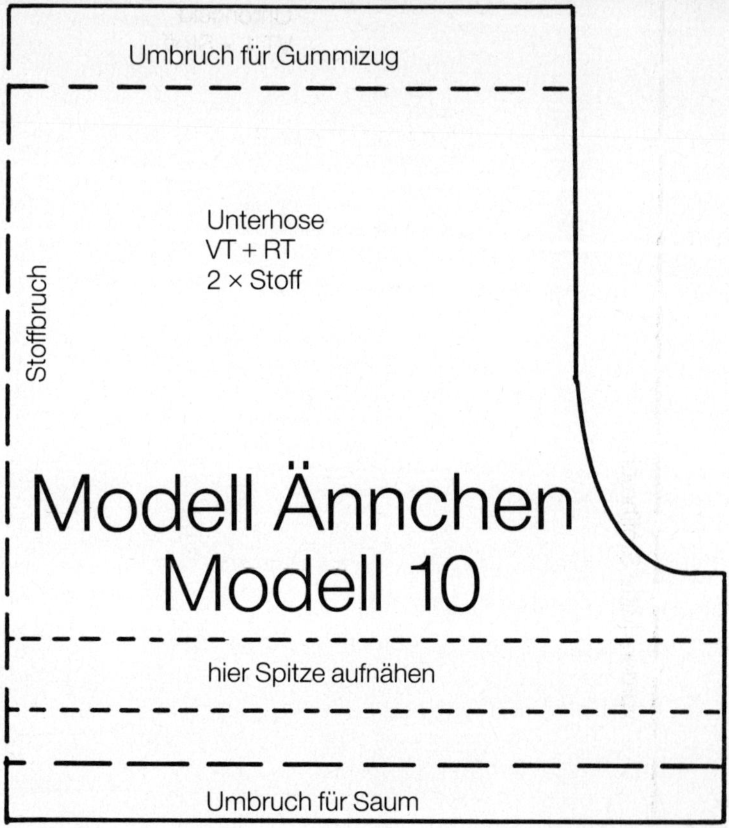

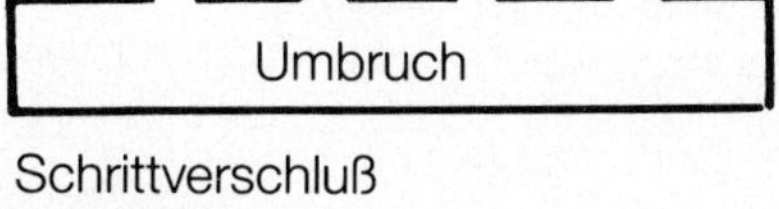

Schrittverschluß
2 × Stoff

Modell 10

Frech-Verlag Stuttgart
Diethild-Marei Seyd
Stilvolle Puppenunterwäsche 8 **Best.-Nr. 1149**
Schnittmusterbogen **Modelle 6, 7, 8, 9, 10, 11**

Modell 7
Modell 8
Modell 9
Modell 11

Modell Angelika (vorne links auf dem Foto)

Arbeitsanleitung zum Unterkleid mit breitem Saumvolant
für eine Gliederpuppe, Gesamtgröße ca. 70 cm, Körpergröße ca. 56 cm.

Sie brauchen dazu:
ca. 0,35 m Baumwollbatist, 0,80 m breit
ca. 1,00 m Stickereispitze, ca. 7 cm breit
ca. 0,45 m Stickereispitze, ca. 1,5 cm breit
3 kleine Knöpfe

Alle Teile mit 5 mm Nahtzugabe zuschneiden!

Und so wird es gemacht:

1. Für die Verschlußleiste im Rückteil Umbruch nach innen bügeln und versäubern.
2. Beide Knopfleistenteile für Über- und Untertritt am unteren Ende rechteckig aufeinandersteppen, wie im Schnitt eingezeichnet ist.
3. Schulternähte schließen und übersteppen.
4. Nahtzugabe am Halsausschnitt und an den Armlöchern nach innen versäubern.
5. Halsausschnitt mit Spitze garnieren, dabei in den Ecken die Spitze mit kleinen Abnähern dem eckigen Ausschnitt anpassen.
6. Im Rückteil drei Knopflöcher lt. Schnitt einarbeiten und passende Knöpfe annähen.
7. Saumspitze einkräuseln, annähen und Ansatznaht von rechts auf dem Stoff absteppen.

Das Unterkleid kann auch nach alter Art mit Kappnähten gearbeitet werden (s. Modell Nr. 3 Nachthemd). Wenn Sie das Unterkleidchen enger haben möchten, können Sie die überflüssige Weite auf dem Schnittbogen von der Achselmitte bis zum Saum entsprechend herausnehmen.

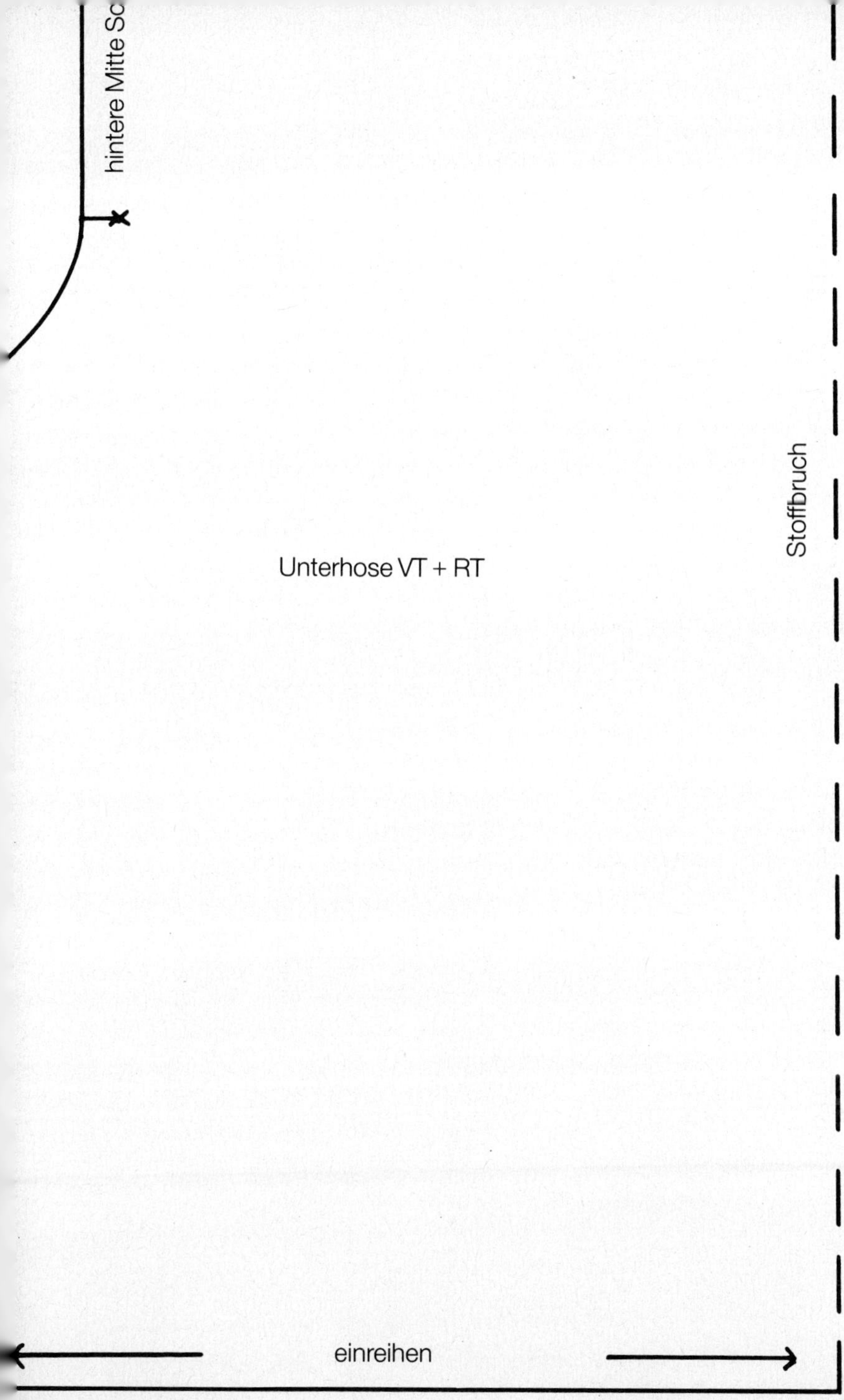

Frech-Verlag Stuttgart
Diethild-Marei Seyd
Stilvolle Puppenunterwäsche 8 **Best.-Nr. 1149**
Schnittmusterbogen **Modell 12**

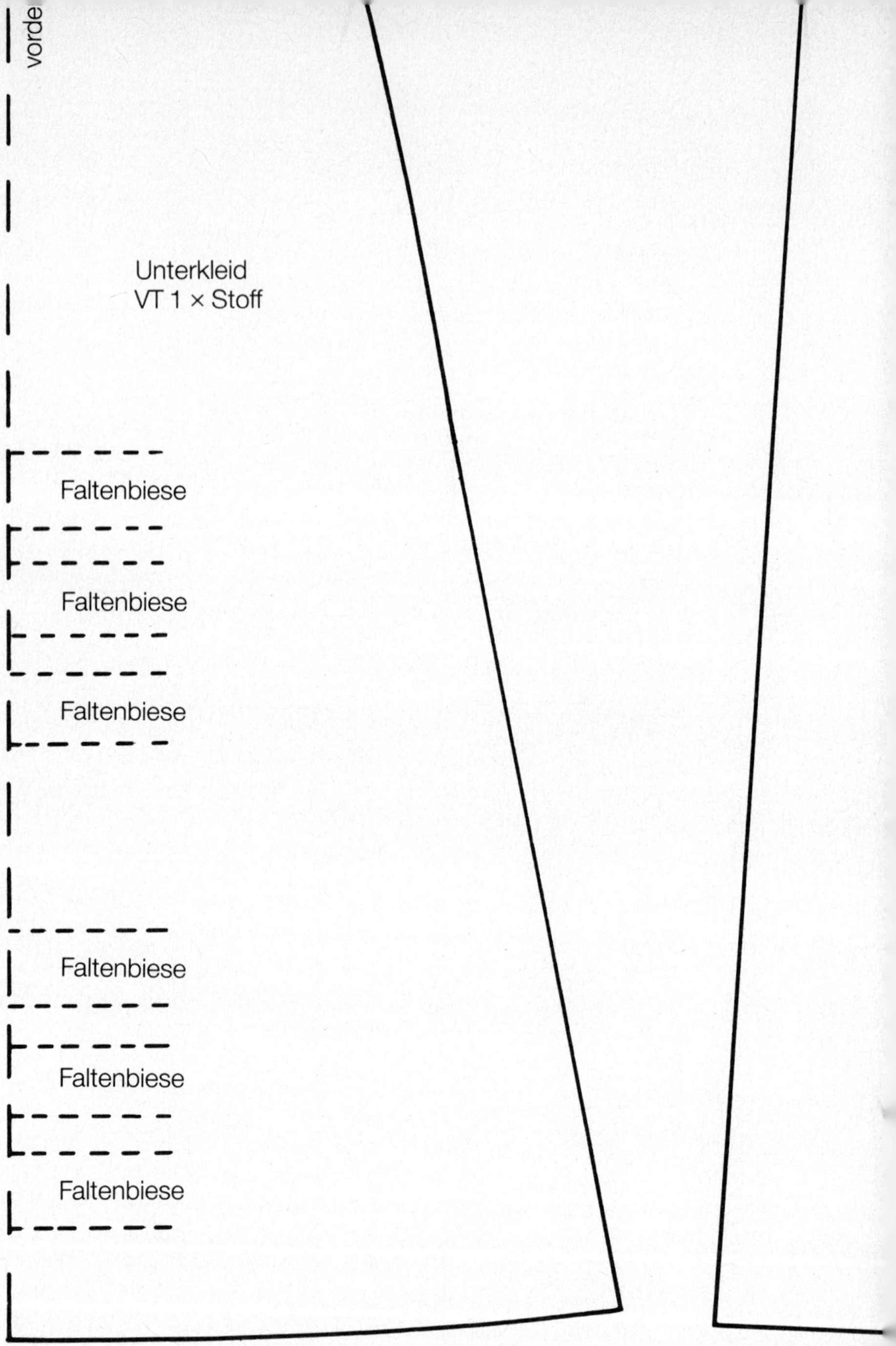
vorde
Unterkleid
VT 1 × Stoff
Faltenbiese
Faltenbiese
Faltenbiese
Faltenbiese
Faltenbiese
Faltenbiese

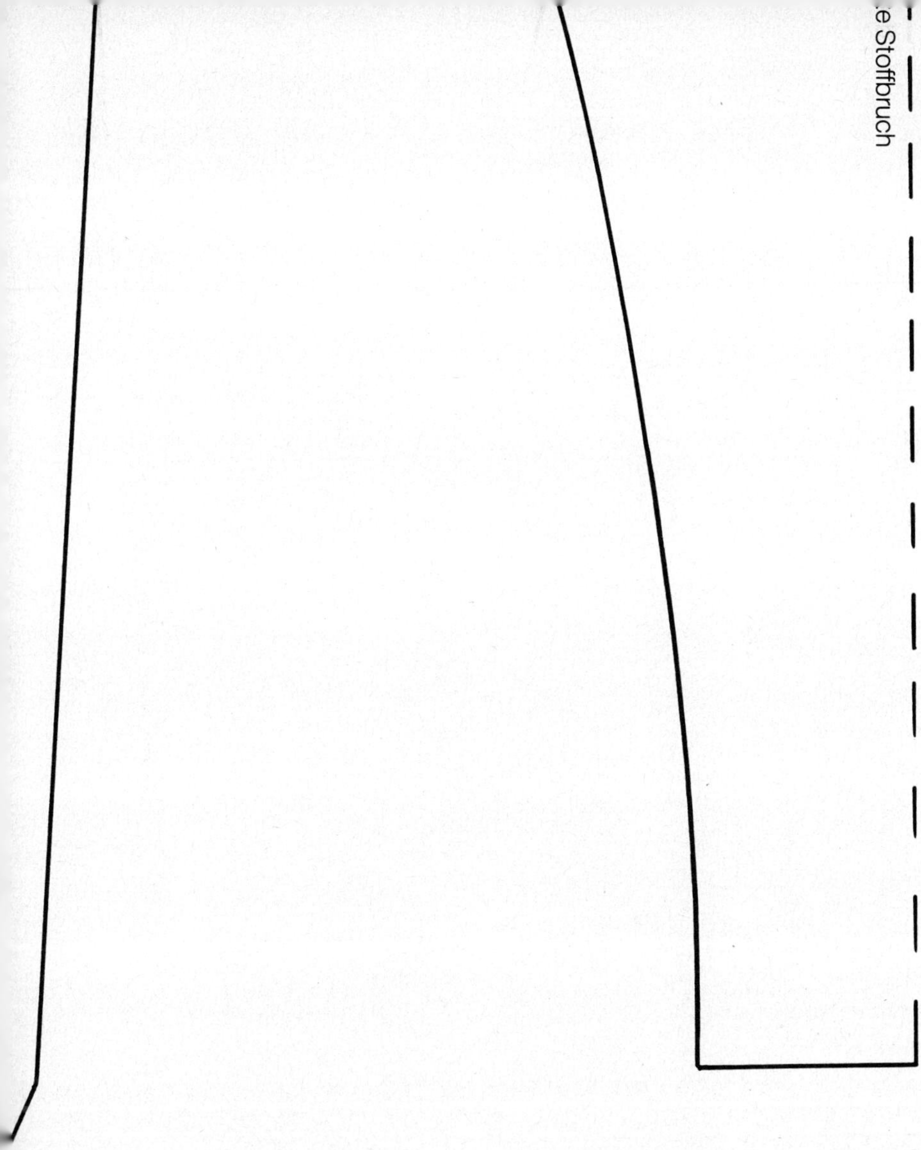
e Stoffbruch

Modell Diana

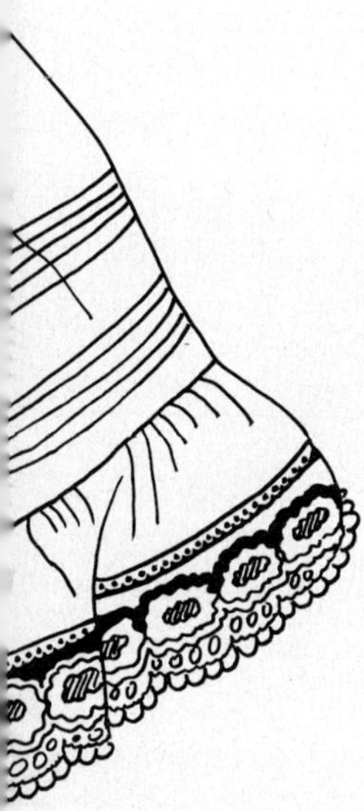

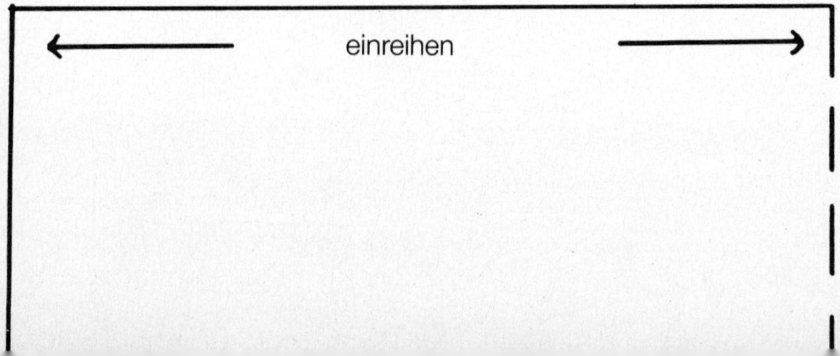

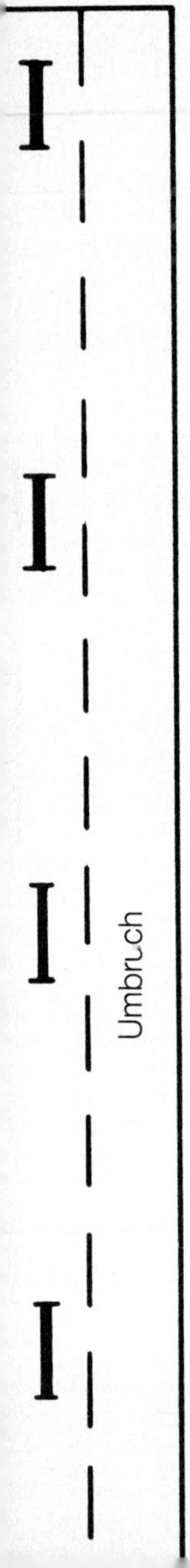

Rückansicht

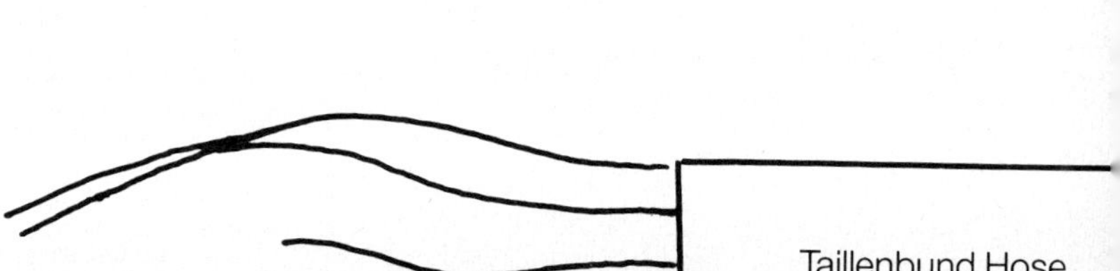

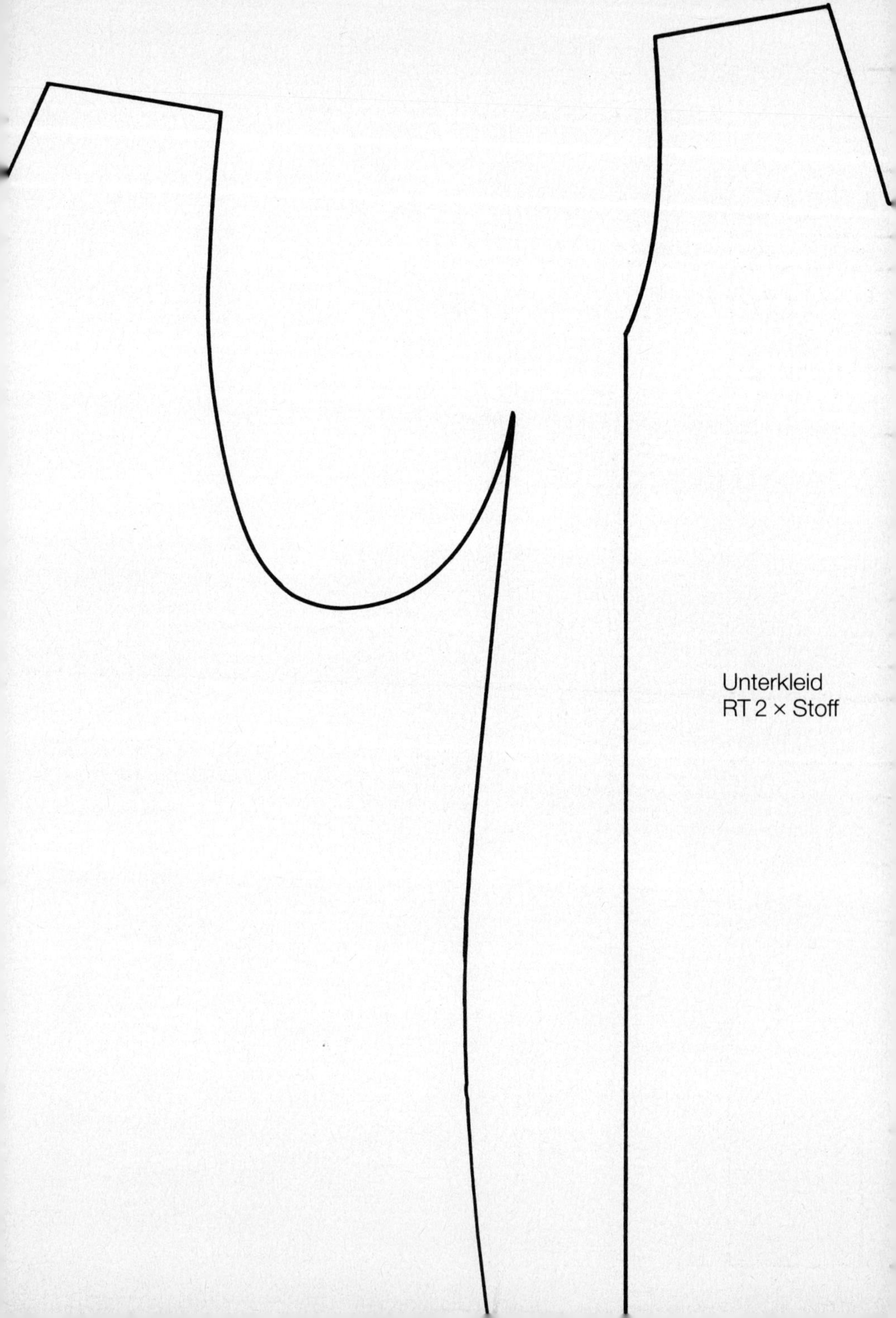
Unterkleid
RT 2 × Stoff

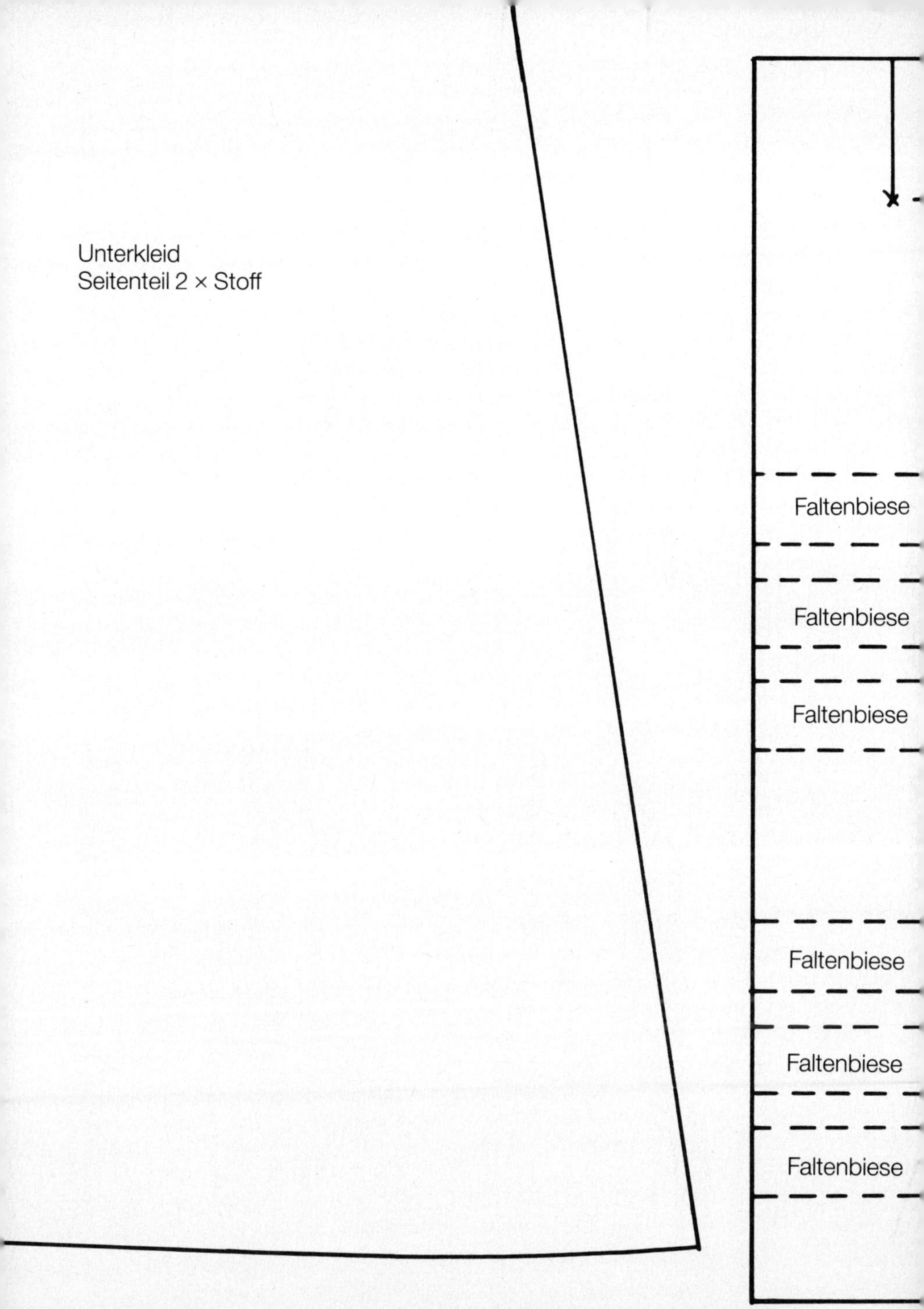
Unterkleid
Seitenteil 2 × Stoff
Faltenbiese
Faltenbiese
Faltenbiese
Faltenbiese
Faltenbiese
Faltenbiese

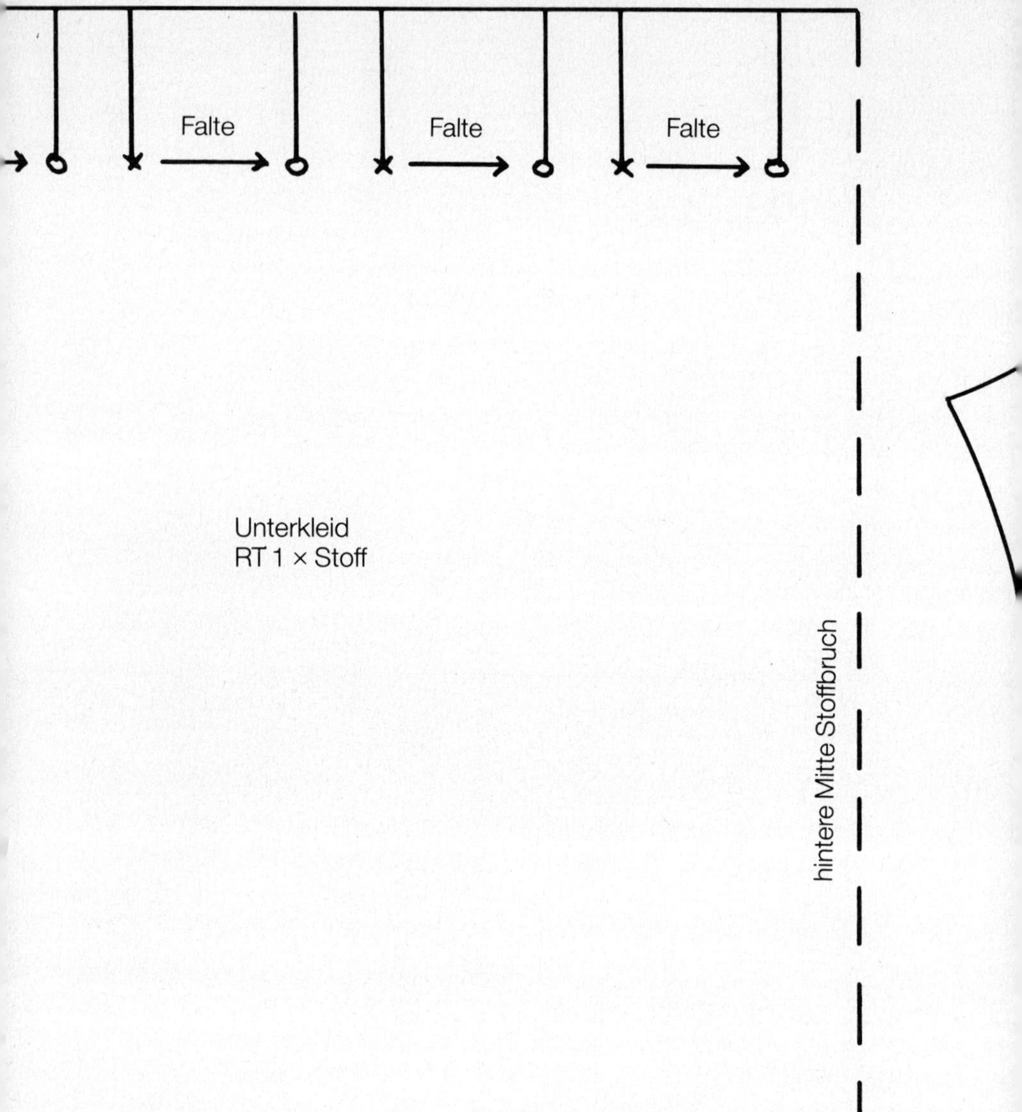
Falte
Falte
Falte
Unterkleid
RT 1 × Stoff
hintere Mitte Stoffbruch

Modell Diana

Arbeitsanleitung zum Unterkleid mit Unterhose
für eine Gliederpuppe, Gesamtgröße ca. 60 cm, Körpergröße ca. 48 cm.

Sie brauchen dazu:
ca. 0,60 m weißen Baumwollstoff, 1,40 m breit
ca. 1,60 m weiße Klöppelspitze, ca. 3 cm breit
ca. 0,70 m weiße Klöppelspitze, ca. 1,5 cm breit
4 weiße Perlmuttknöpfe
ca. 0,70 m weißes Bindeband

Alle Teile mit 7 mm Nahtzugabe zuschneiden!

Und so wird es gemacht:

Das Unterkleid:

1. Den Umbruch an den oberen Rückteilen versäubern, nach innen bügeln und feststeppen.
2. Beide Teile in der hinteren Mitte (Knopfloch) aufeinanderheften.
3. Am unteren Rückenteil die im Schnitt angegebenen Faltenbiesen am Rocksaum absteppen und nach unten bügeln.
4. Lt. Schnitt Falten einlegen und Rockteil an das obere Rückteil nähen.
5. In der hinteren Mitte vier Knopflöcher einarbeiten.
6. Das Vorderteil an die beiden Seitenteile nähen.
7. Die im Schnitt angegebenen Faltenbiesen absteppen und nach unten bügeln.
8. Vorder- und Rückteil zusammennähen.
9. Versäuberte Nahtzugabe nach innen umsteppen und schmale Spitze aufnähen.
10. Achselnähte schließen.
11. Versäuberte Nahtzugabe am Halsausschnitt nach innen umsteppen und ebenfalls schmale Spitze aufnähen.
12. Für den Saumvolant einen ca. 3 cm breiten, ca. 106 cm langen Streifen versäubern, die 3 cm breite Spitze aufsteppem und Streifen auf Rockweite einkräuseln (fertige Breite soll 6 cm sein).
13. Saumvolant zum Ring schließen und annähen.
14. Saumnaht knappkantig übersteppen.
15. Unterkleid mit vier Knöpfen schließen. (Rückansicht des Unterkleides s. Zeichnung auf dem Schnittmusterbogen.)

Die Unterhose:

1. Für die Unterhose zusätzlich zwei Stoffstreifen, je 2 cm breit und 15 cm lang, zuschneiden, ebenso für den Taillenbund einen 4 cm breiten, 31 cm langen Streifen (Nahtzugabe nicht vergessen).
2. Hosenbeine einreihen, an die Stoffstreifen nähen, diese nach innen bügeln und feststeppen.
3. Jeweils 25 cm Spitze einkräuseln und an die Hosenbeine nähen.
4. Seitennähte schließen.
5. Schrittnaht am Vorderteil ganz und am Rückenteil bis ⋆ schließen.
6. Schlitz nach innen versäubern.
7. Den Stoffstreifen für den Taillenbund zur Hälfte einbügeln und dann an den Enden versäubern, dabei an jedem Ende für den Verschluß jeweils zwei Bänder von ca. 17 cm Länge mitfassen (s. Skizze).
8. Die oben eingereihte Hose am Taillenbund zwischenfassen und durchsteppen.